人文中国书系

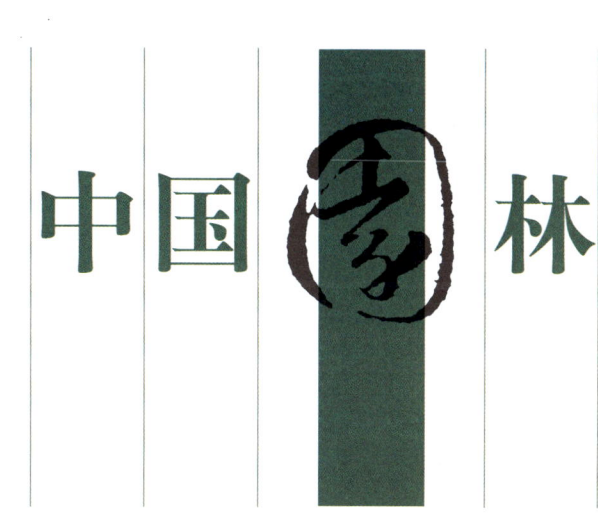

# 中国园林

楼庆西 著

五洲传播出版社

**图书在版编目（CIP）数据**

中国园林／楼庆西著．—2版．—北京：五洲传播出版社，2010.1

ISBN 978-7-5085-1659-2

I.中… II.楼… III.古典园林—简介—中国 IV.K928.73

中国版本图书馆CIP数据核字（2009）第180906号

**中国园林**

| | |
|---|---|
| 著　　者 | 楼庆西 |
| 摄 影 者 | 楼庆西　刘天华　张肇基　周仁德　许安宁 |
| | 鲍　昆　姚天新　谷维恒　王文波　陈　政 |
| 责任编辑 | 张　宏 |
| 装帧设计 | 田　林 |
| 设计制作 | 北京原色印象文化艺术中心 |
| 出版发行 | 五洲传播出版社〔北京海淀区北小马厂6号　邮编:100038〕 |
| 电　　话 | 86-10-58891281（发行部） |
| 网　　址 | www.cicc.org.cn |
| 承 印 者 | 北京华联印刷有限公司 |
| 版　　次 | 2010年1月第2版第2次印刷 |
| 开　　本 | 720×965毫米　1/16 |
| 印　　张 | 9.25 |
| 字　　数 | 100千字 |
| 定　　价 | 42.00元 |

# 前　言

　　走进中国园林，你会为它特有的东方情调所吸引：与西方建筑相比，它小巧细腻、曲折含蓄、清幽宁静的样貌耐人寻味；与大自然的风光相比，它更具人性的追求，一石一木都透着人文的气息。中国园林之美，在于它熔文化、艺术于一炉。北方的皇家园林，往往既有小桥流水、曲径通幽的园林胜景，又有气势宏伟的官殿式建筑群，自是一番皇家气派，现存者尤以北京的颐和园为代表。私家园林中江南一带的留园、拙政园、网师园等凭借天然的山水、植被优势，展现出有别于北方园林的意趣；这些园林多属于官吏、富商和文人所有，与私人的住宅连在一起，既有住房、厅堂、书房，又有由许多亭、廊、榭、阁、山水、植物组成的园林胜景，往往形体不大，却着力于模拟自然山水的神态，在城市中再造山林，其表现特征就是诗情画意，所追求的是避去世俗烦嚣，在自然风景中怡然自得。这些不同类型的园林，呈现出一种安定、自足而幸福的生活状态，可以说是一种生活的艺术，又从某些方面反映了古代中国人的人生观、宇宙观，以及不同阶层的生活方式、人格取向、审美趣味等。

　　古代中国，上至帝王，下至生活富裕的阶层，都以拥有园林这种有趣的生活空间为赏心乐事。人们在园中听政、宴客、

19世纪初西方画家描绘的中国园林

射猎、游戏、读书、对弈、品茶、拍曲、吟诗、作画……久而久之，积淀了丰厚的园林文化。而随着越来越多的文人雅士和园主人直接参与造园，出现了一些造园理论书籍。明代（1368—1644）计成（1582—？）所著《园冶》是其中的佼佼者。书中所述包括造园技术与园林知识，造园经验总结和关于造园的理论性论述，成为今人理解中国古代造园规则的一把钥匙。正是因为文人与工匠在理论与技术上的协作，体现中国特色环境美学的中国园林艺术才得以成为中国古典文化的一个样本。

中国园林艺术着重意境的塑造，园林中的山、水、植物、建筑及其组成的空间关系，不仅是一种物质环境，而且创造了一种精神氛围。造园者透过诸如象征与比拟、追求诗情画意、汇集各地名胜古迹，以及在环境中建筑寺庙古刹、街市酒肆等造园手

名园荟萃 ················ 75

皇家园林与私家园林的异同 ············· 106

## 名手佳作 111

## 意境之美 117

意境的营造 ············ 118

象征与比拟 ············· 118

追求诗情画意 ············· 120

汇集各地名胜古迹 ················ 125

建寺庙古刹与街市酒肆 ················· 127

欣赏的角度 ·············· 128

## 名园遭劫与复兴 133

## 附录：中国历史年代简表 140

# 目 录

前　言 I

山水园林 5

狩猎与通神 ················· 7

统一国家的象征 ················· 8

纵情山水 ················· 10

繁华盛世的乐园 ················· 14

壶中天地 ················· 18

移天缩地入君怀 ················· 20

私家园林 23

江南雅风 ················· 24

北方名园 ················· 41

巧手妆园 ················· 49

皇家风范 65

明清皇家园林速写 ················· 67

北京西北郊园林区 ················· 72

法，追求天然雅致的美学境界，使园林与中国古代的文学、绘画、戏曲密切地联系起来，其中堂奥，也正是中国传统文化的精妙所在。

中国古典园林作为一种传统文化和艺术，不但源远流长，而且直接影响到亚洲近邻韩国和日本。具有鲜明民族特色的日本古代园林，在其发展中曾不断吸取中国古典园林艺术的精华。1699年12月的最后一天，法国宫廷曾以一种中国大型节日的庆典形式来迎接新世纪的到来，欧洲文化史上也出现了一个引人注目的词汇——Chinoiserie，即"中国风格"。一时间，中国的瓷器、壁

纸、刺绣、服装、家具、建筑等风靡了以英国和法国为代表的欧洲国家。中国的园林艺术也随之传到欧洲，受影响最大的是英国、法国，其他还包括德国、瑞典和俄国，欧洲传统的几何形园林开始向自然风景式园林转变。

纽约大都会艺术博物馆展出的明轩石峰及倚墙而建的半亭。

中国古典园林是怎样形成与发展的？中国园林有哪几

已列入"世界文化遗产"名录的颐和园是中国保存最完整的皇家园林。

种不同的类型，它们又具有什么样的共同与相异的特征？中国园林在长期的实践中积累了哪些经验，形成了什么样的造园理论？让我们先走进中国园林去看一看。

# 山水园林

中国园林是自然与人工的完美结合，既是对自然的模拟，于方寸之间显露自然的意趣；也是对自然的加工，一草一木都能显出造园者匠心独运。中国人把假山鱼池、亭台楼阁等人工布局与大自然的花草树木、清风明月浓缩在一起，创造了人与自然和谐相处的艺术生活——山水园林。

现存的北方皇家园林多建于明、清 (1644—1911) 两代，是封建帝王居住、游赏、宴饮、射猎的场所，占地广阔，陈设考究，营造时耗费了大量的人力物力。南方的私家园林集中在自古文人荟萃的长江下游城镇，或是文人墨客归隐闲居、亲近自然的场所，或是官僚富贾争奇斗富、声色犬马的舞台。北方园林以雄奇见长，南方园林以秀美著称。名园如珠，从南到北散落在各地，无声地讲述着中国的历史与文化。

除皇家园林和私人园林以外，还有依托自然山水风光，辅以人文景观的开放式游览景区，性质类似于公园，如著名的五岳——东岳泰山、南岳衡山、中岳嵩山、西岳华山、北岳恒山，经过历代的开发与经营已成为著名的风景园林区，而杭州的西湖更堪称"公园"的典范。

寺庙园林是中国园林的另一朵奇葩。寺庙园林是指附属于佛寺、道观或坛庙、祠堂的园林，大的接近皇家园林，小的又很像私家园林。这种点缀在自然山水之中的园林，往往和风景园林混杂存在，成为风景园林的组成部分。著名的寺庙园林有北京的潭柘寺、戒台寺，太原的晋祠，苏州的西园，杭州西湖的灵隐寺，承德的外八庙等。

位于中国湖南省西部的武陵源风景名胜区是一个神奇幽深、如诗如画的世界，置身于这片东方特色的自然山水中，眼前仿佛展开了一幅原始苍茫的画卷。

## 狩猎与通神

中国古典园林起源很早。据文献记载，远在公元前21世纪，就有了放养繁殖野兽以供帝王狩猎为乐的"囿"。商代（约前16世纪—约前11世纪）的君主都在"囿"内筑高台以观天敬神，名为"灵台"。灵台为筑土结构，体量之大是今人难以想象的。《新序·刺奢》中说："纣为鹿台，七年而成，其大三里，高千尺，临望云雨。"这个形容似乎有些夸张，但商代的台建造得十分高大确是实情。

在上古时期，以渔猎为生的人们受到生产力水平的限制，

对自然界充满敬畏之心，对山水、野兽、植物的崇拜是一种最基本、最普遍的原始宗教。在他们看来，无论是栖身的林野，还是游猎的"苑囿"，神无处不在。他们选择湖沼开掘"灵沼"，在池沼旁模仿山岳筑就高耸入云的"灵台"，人世间的统治者登台亲近神灵以求庇护。台、池结合的建筑形式所具有的原始宗教意义长久地存在于先民的观念中，这种敬神的"上古园林"弥漫着一种沉郁、神秘的原始气氛。

狩猎与通神是中国园林最早的两种功能。春秋（前770—前476）以后，诸侯林立，各国竞相修建宫室苑台，奢侈享乐之风盛行，台榭苑囿的性质、规模都发生了变化：在上古时期曾是王者禁脔的"台"不再是高不可攀的神圣的象征；随着国家型态的日益成熟，礼制、政务、生活等社会活动日益清晰，苑囿中的高台也不再追求单体的高大，而与周围的建筑有了有机的结构关系。原始宗教迷雾的日渐消散，使得山水之美呈现出本来的面目，人们渐渐从超自然的崇拜中抬起头，开始领略和赞美水光山色。

## 统一国家的象征

中国古代有君权神授的思想传统，皇权得之于天，皇帝则"贵为天子"。秦（前221—前206）灭六国而一统天下，而后又被一个更强大的集权制王朝汉（前206—公元220）取代。作为此后两千多年统一的集权国家的开端，国家

中国历史上第一位皇帝——秦始皇的画像

型态的确立在中国的历史上有着划时代的意义，这段历史对园林艺术的影响也是巨大而深远的。

从秦汉时期的历史文献中很容易看到这四百多年间大兴土木建造宫苑的记载。公元前221年，秦始皇统一中国，建立了庞大的封建王国。他将全国20万富户迁入陕西咸阳，集中人力物力开始实施雄心勃勃的建筑计划。秦宫建筑的体量之大十分惊人，在陕西省兴平县发现的秦汉宫殿遗址，仅其主体部分，东西长达1100米，南北宽400米；而且还将南山、渭水等自然山体和水体纳入宫苑范围。其中最著名的是建于国都咸阳之南的阿房宫。《史记·秦始皇本纪》中写道："……前殿阿房，东西五百步，南北五十丈，上可以坐万人，下可以建五丈旗。"秦始皇以咸阳为中心，在方圆几十里的范围内，建有二百余处宫室，宫室之间都有架空的复道相联；那里既是宫廷区，又是宫苑区。这项庞大的建设最后没有全部完成，但通过文字记载，后人也可以了解当年秦始皇一统天下后的壮志雄心。秦朝仅仅存在了15年便告覆亡，始皇帝千秋万代的帝国迷梦也在阿房宫的熊熊烈焰中灰飞烟灭，据说大火竟烧了三个月。

帝国灭亡后，被战火焚毁的咸阳成了一片废墟，西汉王朝（前206—公元25）将都城选建在咸阳东南的长安。西汉的宫苑十分巨大，长安城区的宫殿，仅长乐、未央两宫就占了全城总面积的二分之一，再加上桂宫、北宫和明光宫，宫殿所占的面积可能在全城总面积（约为36平方公里）的二分之一以上，算起来是明清紫禁城面积（约0.72平方公里）的二十余倍。

汉代的国力与造园活动同在汉武帝统治时期（前140—前87）达到了极盛，为了显示皇帝的绝对权威，汉武帝亲自督建上

林苑。上林苑位于长安之南,北起渭水南滨,南抵终南山麓,四周围墙长约130公里至160公里,包括终南山的北坡和九峻山的南坡,陕西中部地区的八条大河纵贯苑之南北,仅人工开凿的昆明池面积就达150公顷,可以在池内训练水军。苑内建有宫殿建筑群12处,出现了道路、廊、桥、阁等实现空间变化的园林小品,而且专为栽种花草、听乐赏曲、观看跑狗作乐、种植垂杨柳供帝王观赏分别建了不同的宫苑,宫殿外还有"园中之园"的小苑36处。上林苑栽种有各种果木和观赏树木,还饲养了众多的珍禽异兽,可以说是一个巨大的植物园、动物园和种植园。西汉的文学家司马相如(约前179年—前127年)在形容上林苑时曾经不无夸张地写道:最南的地方冬天仍然万物滋长,最北的地方夏季也天寒地冻。上林苑是中国历史上规模最大的园林,这种造园规模后来已很罕见。

上林苑和阿房宫一样毁于战乱,但它对中国园林艺术的影响是巨大的。作为统一大国的象征,秦汉宫苑始终以天地宇宙为追求的极致,平面空间的巨大和建筑、景观的包罗万象是构思的基本前提,体现着当时的政治观和宇宙观。这种人神兼容、天地不分的文化现象带着明显的时代特征。而上林苑太液池中堆筑了三座岛屿,象征着民间神话传说中东海上的瀛洲、蓬莱、方丈三座仙山,这种在水中建造三座神山的做法,被后世皇家园林的建造者奉为经典,出现了一再仿效"一池三山"的造园格局。

## 纵情山水

公元220年东汉(25—220)灭亡,中国开始了长达三百多年的诸侯割据、战乱频仍的社会动荡。国家的兴亡、朝代的更替像

从东晋名画《洛神赋图》中可见当年恬淡古朴的田园风光。

走马灯一样上演，生产受到破坏，经济停滞，人口大减；但思想领域却打破了"独尊儒术"的传统，呈现出儒、道、释此消彼长的活跃局面。在中国文化史上独树一帜的"魏晋风度"指的就是这一时期的文化面貌及其精神特质。

魏晋南北朝时期（220—589），社会政治矛盾异常尖锐，士族阶层对仕途和人生产生了强烈的幻灭感。于是，主张清静无为的黄老学说盛行，清谈玄学之风大兴，加之公元67年佛教传入中国后影响很大，士族阶层将佛教对现世的怀疑和否定与道家的避世全真相融通，选择远离政权核心、纵情山水、放浪形骸的生活方式，藉此全身远祸、标举性情。也恰在此时，中国传统的封建经济形态中，迅速发展着一种新的生产组织形式——庄园；这种自给自足的经济结构保障了士族阶层在思想文化领域的独立与创

新，他们除了畅游自然山水，还设法在自己的住所营造出山林的景象，以求山林野趣、田舍风情，由此产生了私家园林的最初型态。这类园林的特点是以山水、植物等自然形态为主导构建园林景观体系，因地理、气候、经济等条件的限制，就地取材的"构石"之风取代了秦汉时期的依大型山体造园的方法，植物景观以松、柏、竹等最为典型，因其具备常青、挺拔、正直的特点，文人们藉此标榜自我人格。此时的私家园林中，景物的空间关系更为复杂而讲究。

以北魏时期（386—534）的都城洛阳为例，城内供居住的坊

浙江省绍兴兰亭戏鹅池，正是东晋王羲之观鹅创作书法艺术的古园。

里有220个，大量的私家园林就建造在这些坊里之中。据《洛阳伽蓝记》记载，那时洛阳有优越的水利条件，以当时洛阳城内大官僚张伦的宅园为例，在园林中种草植树，追求野致，宅内有人造的景阳山，高大的树木遮蔽日光，垂挂的藤萝随风摇曳。可见当时已懂得用写实手法再现山水。园林建筑不仅楼阁华丽，而且结合山水，点缀成景。这种理水、叠山的造园方法，以及建筑讲求精美造型、精选植物、曲径通幽等手法，都是后世的造园家乐于仿效的。

这个时期的皇家园林大都是建造在各国都城的宫城内，例如三国时期（220—280）曹魏都城邺城（今河南安阳北）内的铜雀园、北魏洛阳城内的华林园与西游园、南朝都城建康（今江苏南京）的华林园和乐游园。这些帝王御园都由山水植物和亭台楼阁所组成，已不再具备早期御苑的狩猎行乐功能。园中用人工造出具有象征意义的五岳、湖泊和岛屿；建筑雕梁画栋，飞檐翼角，有的驾临水上，有的以长廊、亭桥相连，在山水环境中显示出皇家园林富贵奢华的气魄。

与园林艺术相呼应的，是这一时期中国士大夫文化的全面发展，诗文、书法、绘画、音乐、饮食、服饰等各个领域都空前勃兴，为后人称道的中国古典园林中山水景观与诗文、书法、绘画交相辉映的特点亦始于此时。

随着佛、道两教寺庙的广泛兴建，又出现了大量的寺庙园林，并与皇室园林、私家园林日渐融合，而此时的皇家园林则不复秦汉时期的辉煌。中国园林自此抛弃了以往的宏大格局，开始走向精致和小巧。

# 繁华盛世的乐园

公元581年，隋朝（581—618）结束了中国长期分裂的局面，37年后，唐朝（618—907）灭隋，建立了统一的封建大帝国。由于采取了发展生产、稳定社会的政策，全国农业发展，经济繁荣，政治稳定，达到了空前兴盛的局面。

唐朝都城长安是在隋都城制的基础上建成的，作为中央集权制度的象征，隋唐都城的格局功能更全面，建筑层次及其内在的从属关系更为清晰、严格，从而反映了一个成熟的封建集权制国家对建筑的要求，这在中国古代建筑史上是前所未有的。

古代绘画作品《虢国夫人游春图》再现了唐朝贵族妇女在郊外自由驰骋的快乐生活。

清代画家笔下再现的唐代名园——王维辋川别业的鹿柴

如果说魏晋时代人们对山水的热爱是由于对政治的失望和对现实的逃避，那么唐人对园林的热爱则更多是盛世游乐的需求。唐朝的皇家园林都集中建在都城长安和东京洛阳的城内及城郊地区，其中最大的是位于长安城北面的禁苑。史书记载，禁苑东西宽27里，南北长23里，范围极广。苑中分布着24处园林和建筑群，有望春宫、鱼藻宫、九曲池、放鸭亭等设施，是唐朝皇家的主要风景区和射猎区，每年皇帝都要率领后妃和臣子到这里狩猎、宴饮、歌舞、百戏、蹴鞠、拔河、斗鸡，开展多种多样的休闲游乐活动。打马毬（骑在马上追球、击球）更是唐朝历代皇帝热衷和擅长的一项活动，长安城内曾有很多毬场，如大明宫的左神殿军毬场，东内苑的毬场亭子，西内苑的含光殿毬场等。唐中期，还在禁苑南端的梨园内设置了皇家艺术学院，由当时的皇帝李隆基（712—755在位）亲自教授音乐。

陕西临潼九龙池——在唐王朝离宫遗址上建起的风景园。

　　唐朝的宫苑有"三内"（大明宫、太极宫、兴庆宫）、"三苑"（东内苑、西内苑、禁苑）。"三内"大多是宫与苑的结合，大明宫的前部为宫廷区，宫廷区之北为苑林区，中央有水面辽阔的太液池，与前面的宣德殿、紫宸殿处在一条轴线上。这种前宫后苑的布局成为后世宫城布局的基本格式。

　　长安城东南角的曲江池又名"芙蓉园"，原本是皇家的游乐御苑，后来向平民百姓开放。这里的水岸曲折多变，沿池建有亭台楼阁，满植林木花卉，是长安城内一处优美的风景园林区。每年三月三日上巳节和九月九日重阳节，这里张灯结彩，乐曲齐鸣，沿岸商摊林立，皇帝率领后妃来此游乐，并设宴款待百官，普通百姓也被允许进园，一时间园中男女老幼人头攒动，好不热闹。唐朝这种将御园变成公众的乐园，帝王、王族与百姓同乐的做法在中国封建社会的历史上确是少有的。

值得一提的是，唐朝在文化、艺术上的繁荣昌盛为私家园林的发展创造了优越的人文条件。唐诗中描写自然风光的作品更加盛行而且日趋成熟；中国画中的山水画此时渐趋成熟并成为独立的画科，涌现了一批闻名后世的山水画家。山水诗画的繁荣及其创作方法对此时的园林创作也产生了重要的影响。以著名诗人兼画家王维在长安城附近建造的辋川别业为例，他在具山林湖水之胜的天然山谷中营造园林，设有鹿柴、柳浪等20景，风景如画，王维许多脍炙人口的诗篇都作于此，他还亲手绘制了"辋川图"，对这一带的风景作了淋漓尽致的描绘。这座园林虽早已湮没，却一直为后人所称道，清朝的乾隆皇帝（1736—1795年在位）就曾在圆明园中特设"北远山村"一景，以仿辋川别业。

盛世的文人似乎也格外快乐，著名的诗人白居易曾在洛阳亲自设计和制造了一座宅园，经常和文人朋友在此游赏玩乐、饮酒高歌、畅谈诗书。每到秋高气爽的时节，他就在园中喝酒弹琴，酒醉之后让乐僮在池中亭榭演奏乐曲，乐声在浩渺的烟波中随风飘散。这个爱玩的诗人还在江西庐山的香炉峰之北建造了一座"庐山草堂"，木窗土墙，不施红漆，纸糊的窗，竹制的帘，十分简朴。园中有高大的古松，也有清幽的竹林，山石玲珑乖巧，天然瀑布水声淙淙。

文人建造的园林寄托并表现了他们的人生态度，与皇家园林的豪华气魄、官宦私家园林的富丽堂皇相比，别具淡泊、清新、雅致的风格。唐朝文人园林的发展，为后代文人园林造园规则的建立奠定了良好的基础。

# 壶中天地

　　宋代（960—1279）造园之风十分盛行，除皇家园林、私家园林、寺庙园林外，甚至城市里的茶楼、酒肆也挖池叠山、附设园林以招揽顾客。

　　艮岳位于宋代的都城东京汴梁（今河南开封），是宋代最著名也最具代表性的皇家园林。与汉唐时期动辄数百里的宫苑不同，艮岳的实际面积只有十余里，最高峰也不过九十步，但艮岳在中国园林史上具有重要的地位，有"天下之美，古今之胜"之

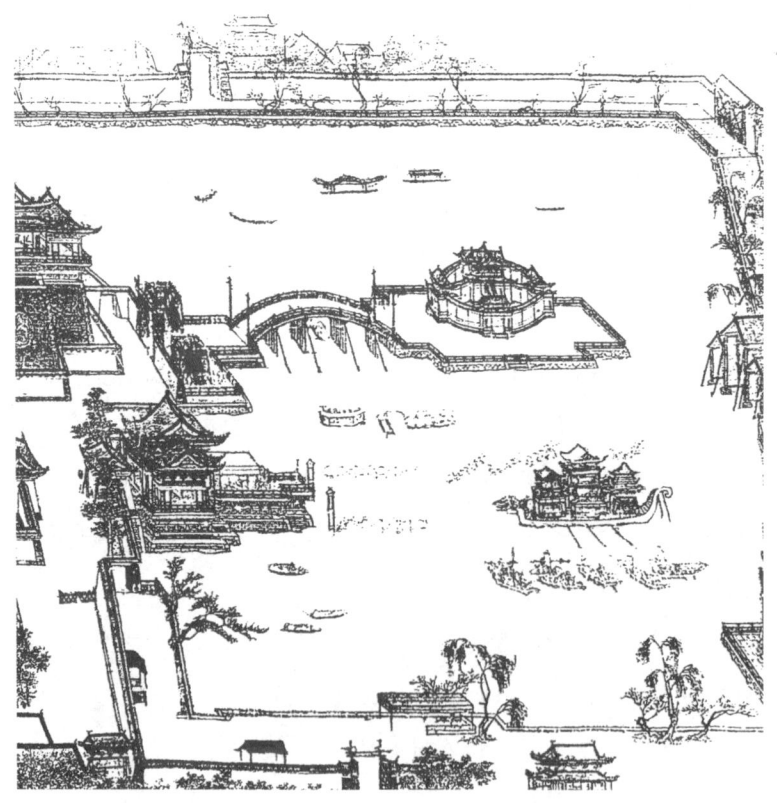

宋画《金明池夺标图》中汴京御苑

宋画《清明上河图》中酒肆庭园

誉。在如此小的范围内，何以营造出如此美轮美奂的园林？简单地说，在于"聚景"，即在有限的范围内尽可能将山水、殿宇、村舍、花木等聚集在一起，形成全方位、多层次的观赏景点。这里既有绍兴的鉴湖、杭州的飞来峰、文学家陶渊明（365—427）笔下的桃溪和林逋（967—1028，最善画梅）笔下的梅池，还有传说中的八仙馆和人间的农舍村庄。园内各部分自然相接，体现自然、淡泊、恬静、含蓄的艺术特色，并收到移步换景、渐入佳境、小中见大等观赏效果，是一座浓缩了自然山水、植物精华的人造山水园林。

从唐朝中后期延续下来的"园虽小而诸景皆备"的"壶中"范式在宋代发展成高度成熟而完美的艺术典范。这一时期的文人园林，空间范围较早前已小了好多，但小小的庭园内溪流、土

丘、泉水、池塘、小岛、花木、山石、亭、榭、厅、堂等景观却应有尽有。在"壶中"如此狭小的空间内，以精美而富于变化的叠山、理水、构石、养植花草树木，以及精美考究的建筑造型，再现自然山水千变万化的形态，困难是不可想象的。但宋人却以空前绝后的创造力和艺术才华将园林艺术推到了尽善尽美的高度，也是在这一时期，中国传统美学精神发展到了极致。

宋代的私家园林，包括大量官宦、文人的私家园林，以开封、洛阳和苏州、杭州一带数量最多，也最为典型。此时的园林小品，诸如庭园和建筑中的楹联、匾额、花石基座、柱础、室内外盆景、金鱼缸、铺地等辅助性、装饰性的小品，不仅种类丰富超出了前代，更不乏精美绝伦的惊世之作，令后世望尘莫及。

这三百多年正是中国园林发展的成熟期。此间由官方组织编撰的《营造法式》一书，较详细地说明了"材份制"，使我们知道古代建筑设计的根本法则，它是一种完善的模数制，表明中国木结构建筑已发展到了成熟阶段。同期宋代的绘画也展示了这个时期建筑种类与形式的多样性，其绮丽、细腻的风格与唐朝建筑的博大气魄迥然有别。

## 移天缩地入君怀

中国封建社会的历史经元朝（1206—1368）而进入明、清两代。写意风格的山水画在元朝达到了成熟阶段，促进了园林的发展和完善。而皇家园林、私家园林、寺观园林和自然风景式园林全面发展，出现了圆明园这一中国古代社会晚期园林的代表作，造园艺术进一步深化并形成了富有特色的造园理论。

明朝的皇家园林围绕着万岁山和太液池，以皇城内的西苑和紫禁城内御花园为代表。清朝的皇家园林和私家园林都有所建树，也是今天的人们所能看到的中国古典园林的主体。以建在长城以北承德市的避暑山庄为例，它不仅综合了汉、蒙、藏等民族建筑的特点，有着中外罕见的宗教建筑集锦；而且不同的区域风景迥异——湖区可以领略江南水乡的秀美柔媚，山峦区颇多西北山地的雄浑粗犷，平原区则隐隐透露出别有情趣的塞外风情——堪称一座"园林艺术馆"。完整目睹过圆明园的西方人将它称为"万园之园"——不仅吸收了历代园林的精华，而且借鉴了西方的建筑样式，比如在长春园的北部建有巴洛克风格的喷水池和西洋楼。

宁静的北海（20世纪初摄）

中国园林艺术经过长期的发展、完善，融入了中西文化交流的时代精神。

　　清朝的私家园林主要集中在南京、苏州、扬州一代，扬州园林是其中的典范。扬州的个园，园中有山，山上有亭，登亭可以远眺绿杨城郭、瘦西湖和平山堂的胜景，显示了很高的建造工艺。

# 私家园林

明清时代的私家园林主要集中在富庶而有着悠久人文传统的江南（传统上指长江下游平原地区）和当时的政治中心北京，留存至今的具有代表性的私家园林都集中在这些地区。仅江南古城苏州，到20世纪初已有园林170多处，现保存完整的有60多处。其中，有轩朗明净、厅榭典雅的拙政园，有廊宇相绕、奇石争雄的留园，有小山幽旷、清水回环的沧浪亭，有雅素精巧、庭园紧凑的网师园……每一座园林都是由建筑、山水、花木组成的综合艺术品，它们集自然美、建筑美、绘画美于一身，不仅是中国各地园林的标本，也是世界文化宝库中的珍贵遗产。漫步在"园林之城"苏州，不经意间就会在小桥流水古园中瞥见历史沧桑的容颜，它独有的古老、沉静、温柔、优雅的城市氛围着实令人迷醉。

## 江南雅风

江南私家园林以苏州、扬州、无锡、镇江、杭州等地的园林为代表。明清时期，苏州封建经济文化发展达到鼎盛阶段，造园

扬州在古代作为海盐、漕米和茶叶集散地，曾经是中国最富饶的城市。这是扬州瘦西湖。

（左）秀巧的江南文人小园的取景洞门
（右上）园林中的水阁
（右下）衔接外廊的观景亭

艺术也趋于成熟，出现了一批园林艺术家，造园活动达到高潮。苏州园林以其精雕细琢的设计，折射出中国文化中取法自然而又超越自然的深邃意境，其中的狮子林、拙政园、留园、网师园、沧浪亭被联合国教科文组织列入"世界遗产名录"。扬州的园林多为宅园，繁盛时遍布城内街巷，城郊保障河沿岸园林别墅随处可见；到了清乾隆时期已形成为拥有24景、名扬全国的"瘦西湖"园林区，当时扬州园林的数量比苏州的还多，曾享有"扬州园林甲天下"的美誉。令人遗憾的是，扬州园林多已毁于战乱。

杭州拥有著名的西湖风景园林区，城中园林均以西湖为中心，主
题各不相同，其中最能体现中国造园艺术之美的，是始建于清咸
丰年间（1851—1861）的"西湖第一名园"郭庄。那时的人们乐于
造园，并把造园与做人联系在一起：造园须曲，交友贵直，造园
是为了修身养性，园能寓德，子孙后代在园林的意境中读书、吟
咏、书画、拍曲，品味人生道理，培养正直高贵的人格。园中寄
情、园中寓理，真可谓意蕴深远。

## 江南私家园林的造园条件

明、清以来的私家园林集中于江南地区，不是偶然的现象，而
是由于这里具备了自然、经济、人文等诸方面建造园林的条件。

私家园林兴盛于江南是和当地优越的自然条件分不开的。首
先，江南一带多江河、湖泊，河网纵横，水源丰富，便于引水入
园。由于处在温带气候区，冬季无严寒，空气湿度大，适宜生长
常青树木，花草品种也多，因此江南私家园林大多植物丰茂，种
类丰富。这里还多产石料，南京、宜兴、昆山、杭州、湖州等地
盛产黄石；苏州自古以来即多湖石——采自江湖水泊，经过水流的
常年冲刷，石色有深浅变化，石面充满肌理，形态玲珑剔透，历
来为造园堆山的上等用料。这样，理水、叠山、建筑、花草等都
可以就地取材。

江南，无论是乡村或城市的居住区都比北方地区人口密集。
气候、土壤、物产资源等优越的自然环境，以及地理位置的特殊
性等因素的共同作用，使得这一地区自古就享有"鱼米之乡"的
美誉，并逐渐在中国经济格局中占据了举足轻重的地位。特别是
隋朝开通南北大运河后，这一地区便处于长江和大运河这两条水

浙江省绍兴东湖风景园林的野趣景色

路干线的交叉点上，将中国西部和北部广阔的腹地联结起来。苏州、杭州所产的丝绸自两汉以来已天下闻名；而拥有2400多年历史的古城扬州，作为运河南端货物集散的码头，唐朝时即已发展为对外开放的重要商埠了，明清时期，已成为江南商贸中心和航运港口的扬州更成了富商云集之地。至明清两朝，江南已成为全国农业、手工业及商业发展最繁荣的地区。

江南城乡经济的繁荣带动了当地建筑业的持续发展，也促进了建筑材料与技术的进步。长期建筑实践造就了大批工匠，江南木工、瓦工、泥工向来以技术精良著称，许多能工巧匠被召去修建皇宫，明清时期许多在北方卓然有成的工匠技师都来自南方，而南北方的建筑技法和风格迥然有别。

造园是一种文化建设，不仅需要物质条件，还必须具备人文的积淀。江南地区有着悠久、深厚的汉文化传统，自古人文荟萃、名贤辈出；同时江南发达的经济、文化与繁荣的城市生活也吸引了各地文人，比如中国著名的诗人白居易、苏轼都先后在杭州出任地方行政长官，他们不但主持过整治西湖的工程、疏浚淤泥、修筑长堤、绿化湖区、建造景点，使西湖成为一个风景园林区，而且还留下大量歌咏西湖的美丽诗篇，从而丰富了当地的人文环境。南宋（1127—1279）迁都临安（今浙江杭州），大批官吏、文人也纷纷迁居至此，他们吟诗作画，使那里文风大盛，而对园林艺术有直接影响的山水诗画在江南尤为盛行。

自然的、经济的、人文的优势为建造园林提供了良好的条件。自南宋以来，大批官吏、富商、文人汇集苏杭，造园之风盛极一时。明清两朝以科举取仕，江南地区中举进京为官者为数不少，这批文人仕官告老还乡大多购置田地，建有私家园林。清朝后期，北方战乱不已，官僚、商贾更纷纷南逃至江浙一带置地建造宅园，以求远祸自守。私园主人或能诗擅画，或附庸风雅，他们不但精心经营自己的宅邸，而且还往往亲自参与园林设计。因此，明清时期江南私家园林在建造的数量和质量上都达到了一个高峰。

## 江南名园赏析

### 无锡寄畅园

0  5  10  15  20m

北

无锡寄畅园平面图

无锡寄畅园是江南著名的山麓别墅园林，以精湛的造园艺术和独特的风格著称于世。寄畅园至今已有400多年的历史，最初是明正德年间(1506—1521)兵部尚书秦金的别墅，到明万历十九年(1591)，由秦金的后代秦耀经营建造为寄畅园，后又经秦家后人数次修整。它既具有江南园林曲折宛转、妙造自然的特色，又因巧于借山建园、融合自然而具有了古朴清旷的独特韵味。

走进寄畅园西部，古树、幽谷、泉声使人如入自然山野，你会发现假山无处不在，差不多占据了总面积的三分之二，山上种

植着乔木与灌木，依山体之势亦有幽谷壑道。从惠山引来的泉水随高低不同的山势跌落下来，在山间叮咚作响，构成了名为"八音涧"的景观。

　　园东有一水池，呈狭长形，南北长，东西窄，占总面积的17%，取名"锦汇漪"。池水被分割为南北两个水域，打破了水池的狭长感。水池北头分别有平桥与廊桥横架水面，为不大的水域增加了景观层次。最后，在水池的北头做成水尾，凭借廊桥的掩饰，造成池无头而水有源的错觉。锦汇漪面积不大，但由于池岸曲折，又将水域作了多层次的分割，富于变化而不局促。

　　相对山、水而言，园中建筑物并不多，除在入口处集中有几座祠、堂、斋以外，其余几座亭、台、楼、桥都散置在水池四周。其中位于水池中段东岸的知鱼槛，突出水面，成了水域构图中心，可以综观池西岸

【沧浪亭】

　　沧浪亭位于苏州城南沧浪亭街，是现存苏州最古的园林，面积约1.1公顷，为苏州大型园林之一，具有宋代造园风格，是写意山水园的范例。其地初为五代时吴越国广陵王钱元瓘近戚中吴军节度使孙承祐的池馆。北宋庆历五年(1045)，诗人苏舜钦(子美)流寓吴中，以四万钱购得园址，傍水构亭名"沧浪"。此后几经易主复建、扩建。目前的沧浪亭为清同治十二年(1873)重建的古迹。

知鱼槛是寄畅园中的水域构图中心。

无锡寄畅园——透过门洞迎来一片绿色。

平列的山景。位于园北的嘉树堂，地势高敞，是全园的主要景观，仰观惠山对面而峙，回望锡山塔影徘徊，眼前春水被微风吹皱，人如画中游。锡山、惠山不在园中，胜在园中。本来只有二亩半的窄长地段，看上去景物层叠，深远无垠。地处水池西北岸的涵碧亭和连接着知鱼槛与涵碧亭的廊屋、廊桥，既为观赏和休息的好去处，又以空亭、粉墙、漏窗增添了园中的景色。

寄畅园占地不大，由于有了明确的规划，对造山、叠石、水池形态、建筑及其细部都作了精心处理，因而创造出富有特色的诸多景观，尤其是它以浓重的山、水与疏落有致的建筑组成的山林环境，完全继承了唐宋以来的文人园林风格，成为现存明、清园林中的上品。

## 拙政园

拙政园是江南的另一座精美的私家园林，具有江南水乡的独特风韵。它位于苏州城东北，始建于明正德年间（1506—1521），是第一位主人王献臣的宅园，后来数易其主。园子分为东、中、西三部分，三园共占地4.1公顷，在私家园林中属于大型园林。如今中、西两部分仍保持旧貌，东部已改建为新园林。留存至今的拙政园虽与明正德时期的原貌不完全相同，但仍为私家园林中重

要的实例。

拙政园的中部是全园的主要部分，从总体规划来看，可分为北面的水域和南面的陆地两部分，各占约一半的面积，其中南部为园内建筑集中地，主要的厅、堂、楼、馆都建于此。在景区的组合上，由东至西又可分为三个部分，其中以中央部分最为重要。园中心的远香堂是全园最大的厅堂建筑，它面水而筑，堂北平台宽敞，池水旷朗清澈，夏日池中荷叶田田，荷风扑面，清香送远，是赏荷的佳处。远香堂内装饰了玲珑剔透的玻璃落地长窗，可以看到四周的山光水影，犹如观赏山水长卷。东部是由海棠春坞、玲珑馆、嘉宝亭、听雨轩等组成的建筑群，用围墙和假山封闭成独立的一区，内植枇杷树，故名"枇杷园"。西部有玉兰堂、得真亭、香洲等建筑，以游廊与假山围合成通畅的院落空间。

拙政园中部总体上以开放的水景为主，建筑景观为辅，二者结合，组成了景观变化无穷的园区。中部北半

【厅】

园林中的厅是满足会客、宴请、观赏花木或欣赏小型表演的建筑，它在古代园林宅第中发挥公共建筑的功能。它不仅要求较大的空间，以便容纳众多的宾客，还要求门窗装饰考究，建筑总体造型典雅、端庄，厅前广植花木，叠石为山。一般的厅都是前后开窗设门，但也有四面开门窗的厅。

苏州拙政园平面图

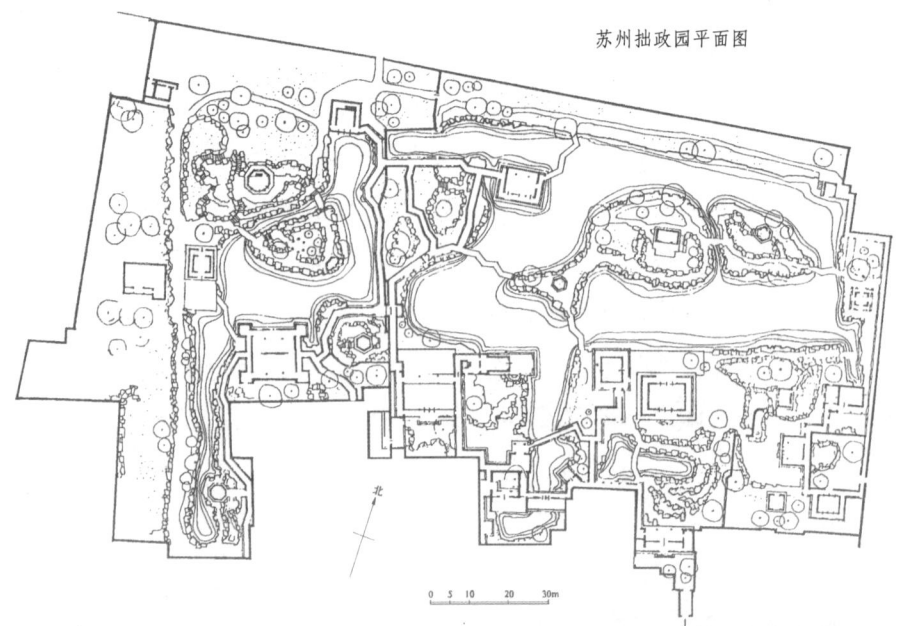

留听阁内景，门窗、家具都是精美的木雕艺术品

区是水景区，水中留有大、小二岛，岛上用土、石筑山。西面的岛山顶上建有"雪香云蔚"亭，与远香堂遥遥相对。岛的西端有"荷风四面"亭，即因荷得名，三面河岸垂柳茂盛无间，四周芙蓉相簇，围成了一道绿墙。从高处俯瞰荷风四面亭，但见亭出水面，飞檐出挑，好似满塘荷花簇拥着一颗明珠。东面小岛山上建有一座北山亭。两岛之间以及岛与岸之间皆有平桥相连，一方面使游人四通八达，可连续游览各个景点，同时又增添了水景的层次。水池西北建有"见山楼"，是园北面的主要景点，登楼近可观水中雪香云蔚亭，远可欣赏香洲、小飞虹等处景观。水池西边有"小飞虹"及"小沧浪"两座廊桥横跨水上，造成了池水有源无头的假象。中部南半区虽然建筑集中，但由于建筑有厅、堂、亭、舫各种不同的形态，又有廊、桥、假山的穿插组合，再加上枇杷、海棠等各具特色的植物点缀，园林的景观便错落有致，毫无单调之感。

拙政园西部面积只有中部的一半，也是以水景为主。水池由北而南，在中部水面较宽处筑有小岛，水面呈狭长的曲尺形状。这里的主要景观集中于北半部。水池北端为"倒影楼"，面水的一侧，柱间装有通透玲珑的长窗，景物倒影如画，尽入眼中。水中揽月，池面飘云，波光月影，景色绝佳。南面是"三十六鸳鸯馆"，夏秋时推窗可见池中芙蕖浮动，鸳鸯戏水。一条看似轻盈地飘浮在水上的长廊将中、西二园的界墙映衬得楚楚动人。水池旁边的留听阁从整体外形看是一个抽

【狮子林假山】

狮子林假山是中国古典园林中堆山最曲折、最复杂的实例之一。元末明初建园时，搜集了大量北宋"花石纲"的遗物，经过叠石名家的精妙构思，假山群气势磅礴，以"透、漏、瘦、皱"的太湖石堆叠的假山，玲珑俊秀，洞壑盘旋。像一座曲折迷离的大迷宫。假山上有石峰和石笋，石缝间长着古树和松柏，石笋上悬葛垂萝，富有野趣。假山分上、中、下三层，共有9条山路、21个洞口。游客沿着曲径磴道上下于岭、峰、谷、坳之间，时而穿洞，时而过桥，高高下下，左绕右拐，来回往复，奥妙无穷。

拙政园中部水景区，水池占了全园的五分之三。

象化的船厅，池塘中种满了荷花。荷花生长期间，叶、蕾、花、果均可观赏，从春末夏初池面冒出点点绿钱，到盛夏时节的满池华盖，直至秋意浓浓的枯茎残叶，每个阶段都有其独到的美。

拙政园池水面积约占该园总面积的五分之三，主要建筑物也十有八九临水建造。香洲石舫造型美观，站在船头，脚下水波涟漪，四面通透豁亮，让人联想到古时画舫如鲫过江的嬉戏场面。园内还种植着品种繁多的花草树木，构成了以花草观赏为主题的诸多景点。早春时分雪香云蔚亭的早梅凌寒绽放，海棠春坞的海棠繁花似锦；夏天嘉实亭枇杷树结成累累金丸；秋天秋香馆墙外稻花飘香；冬季松风水阁的松竹经寒不凋。见山楼满足人的视觉，远香堂调动人的嗅觉，听雨轩则让人的耳朵充分领略雨打芭蕉的美妙境界，拙政园无微不至的设

**【榭】**

园林中的榭一般都在水边筑平台，平台周围有矮栏杆，屋顶通常用卷棚歇山式，檐角低平，显得十分简洁大方。榭的功用以观赏为主，又可作游览观光时休息的场所。

计令园主一年四季都沉浸在优美的景色之中，体现着东方艺术的感性之美。

现存的拙政园与明正德年间的原貌相比较，建筑明显增多了，有了池中小岛，景观虽不及原貌那般充满自然、疏朗、高远的情调，却也是精心之作。

### 网师园

1981年，纽约大都会博物馆增加了一件永久性的展品——中国古典园林建筑"明轩"，其蓝本便是网师园的殿春簃小园。网师园位于苏州城南阔家头巷，占地0.4公顷，还不及拙政园的六分之一，但它小中见大，布局严谨，建筑虽多而不见拥塞，山池虽小却不觉局促，是苏州古典园林中以少胜多的典范——主次分明又富于变化，园内有园，景外有景，可谓精巧深幽之至，体现了高超的造园技艺。

网师园最早建于南宋绍兴年间(1131—1162)，后几易园主，直至清光绪年间(1875—1908)归李姓官僚所有，经过修

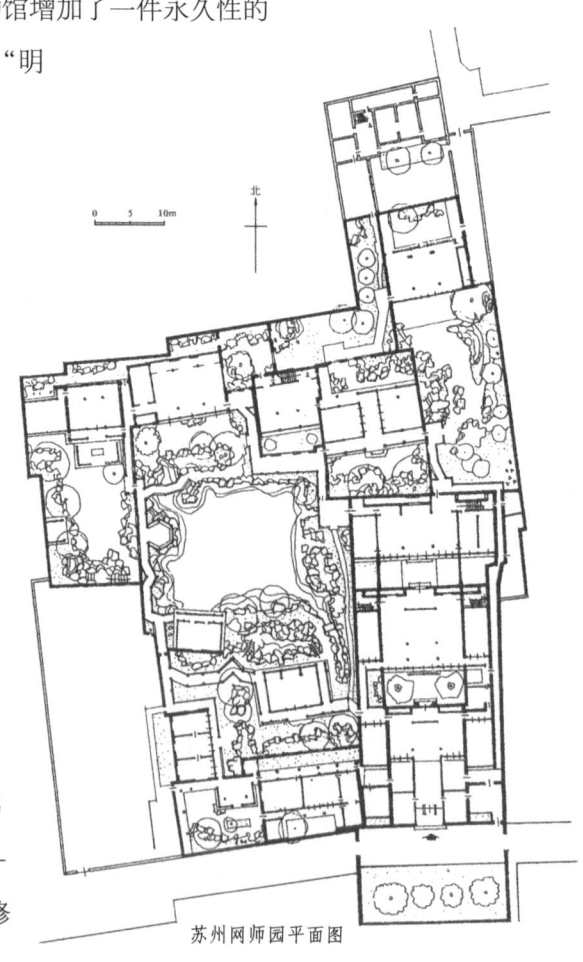

苏州网师园平面图

建始成今日模样。

网师园宅在东而园在西，园内建筑物数量多而密集，西部园林区中的主景水池仅有400平方米，在这样的条件下要营造出巧夺天工的园林环境，其难度可想而知。从全园的布局看，园东部为住宅区，分内宅和外宅两部分。由宅门入园，中轴线上依次为门厅、轿厅、大厅、楼厅，结构轩敞，装修雅洁。建筑各自利用假山、游廊、窗墙组成院落群组，不但不显局促，反倒创造出一种幽静淡雅的感觉。水池北端是看松读书轩，有假山一座、古松两株，围合而成小院。水池东北殿春簃的北面略置湖石，配以梅、竹、芭蕉，形成竹石小景。由镶边的长方形窗框看过去，满目青竹苍翠挺拔，周围的腊梅和假山仿佛雅致的国画小品，富有诗情画意。这些建筑群各具特色，既独立成章，又有廊屋、石径相联，避免了建筑密集可能造成的堵塞与拥挤。

水池位于园西的中心，四边长约20米，面积不大，又处于四周建筑包围之中，造园者对临近水池的建筑都作了精心处理。水池东边八角形的月到风来亭突出水岸，是池中主景；西边的射鸭廊和住宅区的宅墙相连。从住宅区进入亭中，脚下的水池和对面的月到风来亭别开生面；而从月到风来亭看过来，景象又不相同。射鸭廊下堆筑湖石假山，高度是宅墙的一半，低临池水，宅墙的上半部装有假窗。飞檐翼角的亭榭、形态嵯峨的山石、墙上的假窗、

"竹外一枝轩"是一个廊屋，北墙上的洞门、透窗外就是集虚斋前的绿竹。

撷秀楼作为内宅，其厅堂陈设讲求实用功能。

石间的树丛和亭前的古松以宅墙为底，在池的东岸构成了一幅山水画，成功地避免了高墙临池的单调和尺度失调。池的南北两端各有小山丛桂轩与看松读书轩，尺度较大，所以在轩屋前堆筑假山，使山石环水，建筑隐现其后。水池的西北、东南两角分别做出细水小湾，并跨以石桥，成为水的入口与水尾，满池死水顿生灵气。池边以山石相绕，只散置少量亭榭，配以植物就构成了一个颇具自然野趣的山水环境。经过如此独具匠心的处理，不大的水池便与四周的建筑群隔离开来。

清朝晚期的园主多为官僚、富商，他们追求宅居生活的享受，要求建筑类型多；而建筑所占的比例过大，会使园林丧失了传统文人园林所崇尚的简远与疏朗。但网师园在这种建筑过多过

密的不利条件下，仍能
保持自然风景的雅致风
趣，已算是同时期园林
中的成功之作。

## 个园

明、清时期，扬
州园林盛极一时，私家园林曾遍布城内
外，但几经战乱，较完整地保存至今的已
经不多，个园是其中之一。个园为扬州大
盐商黄应泰的私家宅园，建于清嘉庆23年
(1818年)，黄应泰本人别号"个园"，园
中多种竹，汉字"竹"的一半正是"个"
字，故其私家园林亦名"个园"。

个园位于扬州城内，建在黄宅后面，
面积约0.55公顷。园中建筑不多，最主要的
"七间楼房"，楼高二层，可俯视全园，
是园主会客社交的地方。园的东南有"透
风漏月"厅房三间，冬季可观赏雪景。

这座园林最大的特点是园中堆石。
"七间楼房"西侧用湖石堆筑大型假山，
山中央最高处达6米，两侧错落，山脚与水
池驳岸联为一片。山中砌有洞屋，石屋内
幽深曲折，夏日倍感清凉；山体全由湖石
堆筑，石型玲珑乖巧，石纹皱密，石色灰

北

0　5　10m

扬州个园平面图

【楼】

　　园林中的楼多为两层
或三层，位置在明代园林
中大多位于厅堂之后，在
园林中一般用作卧室、书
房或用来观赏风景。由于
楼高，也常常成为园中的
一景，尤其在临水背山的
情况下更是如此。

白，故名"夏山"。楼东侧则用黄石叠筑假山，主峰高达7米，利用黄石浑厚挺拔的造型，在假山上做出峰、岭、峦、岫。山中登道盘旋，还有山涧、山谷和洞府。假山向西，色泽黄褐的石面在夕阳照耀下，显出一派金秋之色，故名"秋山"。透风漏月厅本是冬季赏雪的所在，所以在厅前墙下背阴处叠置色泽浅白的山石，造成石上积雪未消的假象，名为"冬山"。这三座假山连同园门前的石笋"春山"合成象征春、夏、秋、冬四季的山景，成了个园的精华。园中小池面积不大，但池面曲折有致，四角都做成细小水湾，深入屋角和夏山、秋山洞穴中，小小池塘也因此变成一方活水了。池岸也都用湖石砌筑，有的紧贴水面，有的凌空形成洞穴，更增加了池水的灵活。

个园建于清嘉庆年间（1796—1820），清朝后期的

> **【山抑】**
>
> 中国传统艺术讲究含蓄，所以园林造景往往在园林入口处迎门挡以假山，名曰"山抑"，目的是引人入胜，将更美的景色以曲径、湖水等布景一步步呈现出来，让观赏者有"渐入佳境"之感。

个园入口是一个圆洞门，外面种植修竹，竹间散置石笋。

私家园林，尤其是一些官僚、商贾的私家园林多追求富贵奢华，摆阔显富的市井气代替了文人园林疏朗、精雅的传统风格，个园可以说是其中一例。园中虽有四季石景之美，但人工斧凿的痕迹太强，缺乏自然情趣。

# 北方名园

北方地区在自然、经济、文化诸方面的条件与江南多有不同。北方冬季气温低，植物生长受到气候的影响，四季常绿的树种少。在冬季，除松、柏等少量树种外，乔木、灌木大多只剩下枯枝残叶，即使在春夏时节，树木、花草的品种也远没有江南那么丰富多彩。北方经济，无论农业生产还是城市商业贸易都比不上南方发达，直至明清时期，京都的粮食与日用百货还须经由运河自江南运出。所不同的是，历代王朝的政治中心多建在北方，尤其是北京，作为元、明、清三朝京都，集中了大批皇亲国戚与达官显贵，这些人政治上有势力，经济上有特权，生活上追求享乐，大量的私家园林因而得以兴建。皇亲贵族、达官显贵一般都具有较高的文化修养，他们当中不乏刻意追求传统文人园林风格的造园者，但多数仍讲究富贵与奢华，对园林的意境之美不过是附庸风雅而已。同时北方与南方在建筑技术、风格上也存在着差异。尽管这个时期有不少江南的造园技师应召到北方营造园林，但自然条件、政治、文化背景与建筑形态的不同仍使北方私家园林别具一格。

除了官宦、富商和文人的园林以外，北京还有另一类私家园林，这就是王府内的园林。清朝取消了分封制，皇亲不再分治地方而都集中在京都，拥有高官厚禄却没有实权。王府是在这种政治背景下分封给皇族居住使用的住宅。这些皇族人口多，家产富

从景山俯瞰紫禁城

有，一处普通的四合院当然不能满足他们的需要，于是一种由多座四合院组合在一起的，不但有住屋而且还附有花园的王府住宅出现在京城。

北京的私家园林主要集中在什刹海沿岸和西北郊海淀一带。

元朝时候，为了解决北京城区水资源匮乏的问题，朝廷从西北部的清河、玉泉山一带引水入城，将京西北水系与什刹海、通惠河、运河连通，这一方面解决了城市用水，另一方面江南漕运物资也可直接运到北城，因此，什刹海一带成了北京城里热闹的商业中心。到了明清时期，通惠河水流减少，北上漕运船只仅能在北京城南郊停靠码头，什刹海周围失去了往日的繁华，却留下了一片难得的水域。这里的水清澈透明，水质好，荷、莲、菱、芡密布，水鸟畅游其间，于是在此方圆三、四里之地，出现了众多的私家园林。

北京西北郊区远处有以香山为骨干的寿安山脉，近处有玉泉山和瓮山。这一地区最大特点就是水源丰富。玉泉山自古多泉水，附近平原地带挖地三尺即可见水，瓮山之前积水成湖，古称瓮山泊，也称西湖。西北郊也因水多而得名为"海淀"，是北京稻米的重要产区，也成为颇具江南水乡景色的风景名胜区。因而，明朝的官僚、贵族、文人多在这里选地造园，其中规模最大、最著名者当数清华园和勺园。

清华园为明朝一位皇亲国戚的私家园林，占地达80公顷，地址大约在今颐和园以东，圆明园以南。勺园是明朝著名诗人米万钟的私家园林，建于明万历年间（1573—1619），位于清华园的东南，是一座以水景为主的园林，建筑较为疏朗简朴，仿效传统文人园林风格。

清朝将明朝留下的不少私家园林收归朝廷所有，再将它们分赐给皇亲、贵族、官僚，这些"赐园"环列在皇家园林周围，组成了一个庞大的西北郊园林区。

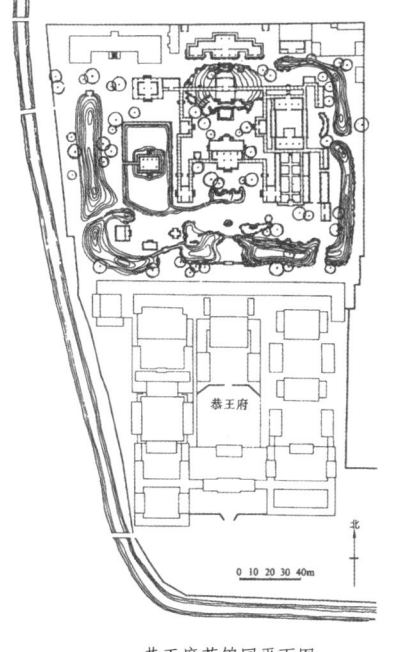

恭王府萃锦园平面图

## 恭王府花园

恭王府花园又称"萃锦园"，位于什刹海西侧的柳荫街，是北京城内数十座王府花园中规模最大、保存最好的，也是目前北京惟一一处以花园的名义对公众开放的王府。恭王府花园布局精巧，景色宜人，有人说它是中国古典文学名著《红楼梦》中大观园的原型。

恭王府原为清乾隆年间（1736—1795）重臣和珅的私宅，后被朝廷没收改作王府。建筑分为府邸和花园两部分，府

萃锦园内以种植杂蔬追求野趣的蔬圃

在前而园在后。花园占地2.8万平方米，有古建筑31处，此园后来的主人恭亲王奕䜣为了重建花园曾调集百名能工巧匠，融江南园林风格与北方建筑格局为一体，汇中西建筑元素于一园。全园布局分中、东、西三路，幽雅秀丽，极尽精妙。

从中门入园，首先见到的是具有西洋建筑风格的汉白玉石拱门，正对园门的是高5米多的独乐峰，形状好像淡云舒卷。独乐峰后是安善堂，坐落在用石材垒砌的台基上，两侧用游廊折向前连接东、西厢房，围合成向南敞开的三合院。

在清代的北京，往私宅中引入活水，是要经皇帝特批的，恭王府是少有的几个获此殊荣的王府之一。花园内用青石围砌成蝙蝠形大水池，旧名为"蝠河"，后称"蝠池"。水池周围种植榆树，每到榆荚飘落的季节，状似铜钱的"榆钱儿"落满蝠池，寓意是福贵双全。穿过厅堂进入中部庭园，有一座石山，叫做"滴翠岩"，是全园主景。山前有小池，池后是山洞，称为"秘云洞"，洞里有乾隆亲笔书写的福字碑，碑基地上还有一副用碎石子摆成的中国象棋棋盘，方方正正，清晰可见。滴翠岩北面是蝙蝠形状的蝠厅。园门、安善堂、滴翠岩、蝠厅前后几座主要建筑皆处于恭王府住宅部分建筑群的中轴线上，构成了形式规整的中央部分。

萃锦园的东路由密集的建筑群组成。南半部是两个并列的狭长四合院，靠西的长院内种满翠竹。北半部是大戏台，包括前厅、观戏的大堂、舞台及后台组成的一座形体很大的建筑。东路南端带有垂花门的院落中，最优雅的是沁秋亭，又称"流杯亭"，亭内地面有一条约10厘米宽的弯曲的流水渠道，水流构图看上去像个"亭"字，是文人雅集、曲水流觞的好地方。

西路建筑很少，以水景与山景为主，充满自然界的山光水色。园内散列着湖心亭、浣云居、樵香径等景点。湖心亭中间有水榭三间，名叫"诗画舫"。小舟停在湖边，一池绿水波纹荡漾，山光树影交相辉映，令人坐而忘忧。

萃锦园作为王府花园，与一般官僚、文人私家园林相比，明

萃锦园东路院门

显的区别是建筑数量多，体量大，院落布局规整。它不但有一般文人园林中少见的大厅、大堂，而且还有官僚私家园林中不常见的大戏楼。但是它毕竟是王府的园林，造园者采用了多种手法，使之与王府的住宅区别开来：一是在总体环境上做文章，例如从园门进入，即在两侧用青石垒造假山，山上植以花木，山间留出山径，两山向东西延伸，山峰连绵，顿时造成山林野趣的意境；另外在东、西两路的外侧用土山与园外的喧嚣相隔离，形成相对封闭的园林环境。二是注意局部的山林化处理。在中路与东路几重规则的院落中，应用不规则的水池、叠山、块石，用满院竹林和古松、古槐等乔木、灌木及花草的配置，打破了由于建筑布局规整而造成的呆板与严肃。三是在西路专门设计了以山、水为主体的园林景观，疏朗的布局带来一股清新之风。这样，恭王府花园既具有皇族气魄，又不失自然山水情趣。

### 熙春园

熙春园位于海淀圆明园以东，现清华大学校园内，初建于清

清静幽雅的清华园内景

黄石驳岸的近春园水景

**【黄石】**

黄石由黄褐色和赭色的石英岩、砂岩或砂砾岩经山洪或河水搬运、冲刷而成，其表面十分光滑而呈现醒目的黄褐色，并显露油脂状或蜡状光泽，给人以柔和舒适的美感。由于黄石主要由二氧化硅所组成，因而石质坚硬，裂隙孔洞少见，是黄石与太湖石的不同之处。

康熙年间（1662—1722），道光年间（1821—1850）作为赐园供两位皇子居住使用。熙春园分为东、西两部分，东部取名"清华园"，西部取名"近春园"。

近春园与清华园都是平地造园，利用地下水源丰富的优势，挖地造池，堆土筑山，但它们在规划及造景上却不完全相同。近春园开凿的是环形水池，中央留出陆地，建筑集中于这块岛形陆地上，四周用挖池之土堆积成小山，环形的水池和环形的山包围着中央的建筑群。水池虽为环形，但水面宽窄相间，池岸曲折，以黄石作驳岸，水中植荷莲，岸上广植槐、柳，形成一幅开放式的山水景观。清华园的布局是，住宅在前、园林居后。住宅部分为一组规整的建筑群，由大门入内，经过厅到后面的工字形厅堂，由南往北组成前后两个院落，四面都有游廊相连。在这条中轴线

近春园水边的廊亭是游人小憩纳凉之所。

的东、西两侧还并列着两组院落，其中穿插着游廊、圆形或壶形的洞门，院落中种植松、柏等常青树和海棠、梨、玉兰等花木，中路后院中堆筑假山，所以并不显得封闭而颇有园林之趣。紧邻这组建筑的北面，有一大型水池，池面曲折，黄石驳岸，四周土山林木环绕，池东岸设小亭一座，南岸为工字型月台，台面伸入池中，可以观赏水景。园林区虽不大，但四周形成封闭的环境，近处山、水也颇具自然野趣，故有"水木清华"的美称。

　　1860年，英、法联军入侵北京，一把火烧毁圆明园。清同治年间（1862—1874），朝廷决定拆附近名园建筑将材料集中以供修复圆明园使用，熙春园的建筑因此全部被拆毁。圆明园西部的近春园建筑则全部被毁，所幸东部清华园得以幸免留存，但此后因无人居住而逐渐荒废。1909 年，清政府为筹办留美预备学校而觅得熙春园旧地，发现清华园建筑尚存且园址广阔，便决定在此建校，并将其命名为"清华学堂"，这就是清华大学的前身。近百年来，清华园房屋屡经修建，但房屋基址及院落布局始终未被改动，院中两株古柏及堆石仍为旧物。今天漫步在清华大学校园内，你会发现清华园的建筑已全部按清式建筑复原，古典园林旧貌已获重现。近春园房屋虽毁，但湖山依旧。1927年，在清华执教的文学家朱自清写下的散文名篇《荷塘月色》，就是他盛夏夜读之余环此湖漫步后所作，可见古人营造园林环境，其意境之深远是可以超越时代的。

## 巧手妆园

中国园林是由山水、建筑、花木等组合而成的一个综合艺术品，富有诗情画意。私家园林，不论是南方还是北方，不论是文

清人据中国古典名著《红楼梦》绘制的《大观园图》（局部），表现了当时官僚贵族家庭的盛景。

人园林还是官僚、贵族、富商的私家园林，其共同特点都是在不大的空间范围建成一个富有自然山水情趣的环境。纵观古代私家园林的实践，可以看到以下几方面的经验与手法已成为世代相传的造园原则和规范。

## 灵活多变的布局

中国古代的建筑按个体而论，形体多简单，体量也不大，但它们大多以群体组合出现，这成了中国古代建筑不同于西方古代建筑的特征之一。从古代文献记载和留存下来的实例看，这种建筑组合很早就采用了院落的形式，即由单栋建筑四面围合而成院落，主要建筑居中，次要房屋在两边，组成中轴对称的格局。这种建筑组合形式广泛地应用在各地住宅房屋上，北方的四合院，南方的天井院莫不如此。除住宅外，汉族的佛教寺庙，各地

建筑内的陈设与园中景色遥相呼应。

绍兴东湖——建筑、小桥与自然景色相协调。

官府衙门直至帝王的陵墓与宫城建筑几乎都是这种规整对称的建筑群。但是，园林建筑却打破了这一定势，为了在有限的范围内营造出一个效法自然的环境，创造性地采取了灵活多变的总体布局。

园林建筑与其他建筑一样，都有功能上的要求。在私家园林里，主人有生活起居、读书、待客、游乐等多方面的需要，建筑首先也要具备这些基本的功能——住屋需隐蔽，书房求宁静，待客要方便，而游乐区则应体现自然山水之趣——这些因素都是造园时不能不考虑的问题。除此以外，园林还必须是美的，是一处可以与自然山水相媲美的优美环境。

一栋建筑的布局既要"成景"又要"得景",即建筑的位置、形象在这座园林中要能构成一处可观赏的景观,同时又要求在这栋建筑里能够观赏到园中某一处或几处的景观。无锡的寄畅园中,水池中段东岸的知鱼槛既是水景区的主要景观,同时置身其中又可以通览园西部的山景;园西北角的嘉树堂既为全园顶端的主要景观,又可以在堂中俯视全园水景,并可遥望园外远处的山景及佛塔。苏州拙政园中的远香堂与雪香云蔚亭都是岸上和水岛上的重要景观,同时又都是观赏水上与岸上全景的极佳地点,二者还隔水相望,互为对景。

处于园林环境中的建筑都不是孤立地存在的,而往往与邻近的山、水、植物共同组成一处景观。拙政园的雪香云蔚亭不是一座孤立的凉亭,亭子坐落在池中央岛山上,四周有花木相衬,亭下有石山相托,夏日池中满植荷莲,成为园中一景。网师园水池的东岸,突出水面的射鸭廊和它南面的堆石假山,加上廊下石间配置的四季不同色彩的花木,在粉墙的衬托下,呈现出一幅多彩的画面。山水建筑组成景点,多个景点组成

曲廊不仅本身就是一处富于线条变化的景观,而且为不大的园林空间制造了视觉观赏的节奏感。

人造山景中的石径

景区，景点和景区搭配组合，让园林美不胜收。

中国园林均讲求可观、可游、可居，园林里的各个景点或者景区之间有道路相通，以方便游览。为了求得景观的变化，这种通道宜用曲折小路而忌用径直大道，既有露天石径小道，也有能避雨遮阳的廊子。这些廊子有的沿墙而行，有的曲折多弯，有的随山势上下起伏，有的驾凌水面而成水廊或桥廊。沿着这些曲折的游廊、通道，造园者巧妙地设置形态各异的景点，或者是一座厅堂亭榭，或者是古木一株，芭蕉、翠竹一丛，甚至只是一撮堆石，或处山顶、池边，或在路的尽端，只要布局适宜，安置得体，皆可成景。游人一路行来，眼前景物因变化而富新意，毫无倦怠之感。

为了在不大的范围内尽可能扩大游览空间，在私家园林里多以游廊、院墙将空间分隔成若干不同特色的景区。这类院墙不高，墙上除开有门洞外，多设有空透的花窗，使院墙隔而不堵，本身亦起到构景的作用，而空廊、花墙正使得园内各景区之间既相隔又流通。在一座较大的园林里，造园者要设计出至少一条最佳游览路线，从入园门开始，顺着这条路线漫步石径与池岸，入门洞，登山道，或入厅堂，或小憩于亭榭，由一处景区到另一处景区，步移景异，延长和扩展了观赏的时间和空间。

苏州留园是一座面积较大的私家园林，它的主要入口正处于两旁建筑的夹缝之中，宽仅8米，而从大门到园区却长达40米，造园者在这块狭长的地段里安排了由曲廊相连的三个空间。进入大门先有一个小天井，过天井，经曲廊，才进入植有花木的第二个空间；再经过一段小廊，到达第三个空间——一株古木枝叶苍劲地倚于墙下，连接小廊的小厅堂墙上洞开一排格式漏窗，窗外才

是留园的主体。在这里，厅、廊、墙组成不同的空间，空间的转合、明暗与大小的变化，再加上古木点景与花草的布置，游览起来妙趣横生。

## 模拟自然山水

中国古代早期的苑、囿是选择真山真水围合而成的园林。自魏、晋、南北朝之后，开始有了仿造自然山水的做法。宋朝在东京汴梁建皇家园林艮岳，宋徽宗（1101—1125年在位）要求在园中重现五岳的雄伟、蜀道的险峻，将人造山水的技艺推到了一个高峰。发展到明、清时期的私家园林，人工仿造自然山水已经成为造园中很重要的一项工程技艺。叠山理水追求"虽由人作，宛自天开"的境界。

先看造山。自然界的山脉就其外貌看，总是山势高低连绵，山峰有主有从，植被丰厚，一片郁郁葱葱。而在园林中人工堆山，形状上最忌二峰并列或诸峰列如笔架，而要依园林景观要求

用黄石和土堆砌而成的水岸小山

以镂空的湖石造成的山洞

水池将内宅建筑和户外风景巧妙地连接起来。

而定。景观或开阔或幽深，与堆山的多少、大小、走势都有关系。堆山用土、用石或土石并用，用湖石则山体灵透活泼，用黄石则显浑厚宏伟。土山则应在山上广植花木，使山体葱绿美观，还要在土间散置块石，如同从土中长出来的一样；石山也应在石间积土，种植少量花树，使其具有自然生气。自然山体内部少不了沟涧、山道与石洞，人造假山对此也多有仿造。观无锡寄畅园和扬州个园中所堆石山，虽山体不大却造出了沟、涧、石洞，人入其中仿佛置身山间。有的私家园林喜欢将石山堆筑成狮子等野兽的形状，如寄畅园入口处的"九狮台"，用湖石堆出群狮状，呈跳跃、蹲伏多种姿态。这种现象在自然山体中也有存在，尤其在农村，村庄周围的山峰多名为"狮山"、"虎山"、"象山"，其中有的是因为形状相像，但多数是出于勘舆之说，以狮

水池不规则的驳岸令不大的水面灵动起来

或象把门或虎守护水口，而不论山形是否真像而将村口之山冠以神兽之名。苏州园林的狮子林即因园内狮山得名，山为湖石堆筑，山上岩壑曲折，形如群狮蹲伏，

山上设石洞、石径，高低盘桓，任游人穿行其中，远观人、兽相混，反觉滑稽，并非成功之作。

再看理水。私家园林多数建于城中，即使在江南水乡，园林水池也多为人工挖凿而成。自然界有蜿蜒长流的江河，水面浩渺的湖泊与水塘，所以人造池塘切忌规整方正，而以曲折自然为好。水面较大宜用小桥分割为大小不一的水域，以增加水景的层次；水池尽头多变为细小水湾，或止于屋角，或攒入亭、榭之下，造成水有源而无头的假象，一塘死水就此变得灵动活泼；水中宜种植莲荷等水生植物，使池水显出勃勃生机，但又不可满植，以免影响观看建筑在水中的倒影；池岸曲折，四周宜用黄石或湖石作驳岸，叠石有高有低，立在高处可观看四周景色，低处则可嬉水作乐。

自然界山水相依是常景，但如果山中有溶洞，洞中又水流不断则视为不寻常的名胜，贵州铜仁县的九龙洞，洞中钟乳石瑰丽壮观，自古闻名，私家园林中也有模仿此类

留园入口处的空格漏窗

上海豫园卷雨楼的飞檐翘角，楼名来自王勃的《滕王阁诗》

景观的。扬州个园的夏山堆筑在池水边，山下筑石洞，曲折幽深，池水蜿蜒入洞，倍觉清凉，更增添了夏山的意境。

　　山与水可以说是自然风景园林的灵魂，有山则灵，有水则活；山贵有脉，水贵有源，脉源贯通，全园生动。只有对自然山水深刻认识，才能作出正确的概括与提炼以得其神髓，才能在园林中再现山水的典型形象。

## 细节工巧

　　私家园林没有皇家园林那样广阔的空间，也没有宏伟的建筑群，只有含蓄曲折的空间，包括多种建筑与山水、植物，所以为了看、游、居皆妙，除了在总体布局上下功夫外，还须十分讲究

建在水边的榭由外廊串连。

园中建筑、山水与植物的细部处理。

　　首先看建筑。私家园林中建筑类型不少，有待客的厅、堂，有读书、作画的楼轩，有临水的榭、舫，还有大量的亭、廊、桥。仅亭子就有方亭、长方亭、圆亭、五角、六角、八角、梅花、十字、扇面、套方、套圆等不同的形式，分别安置在园中适宜的位置，有的本身即为一景，有的是观景的绝佳点。扬州瘦西湖吹台上有一座四方亭，是湖上的重要景观，据说清乾隆皇帝下江南巡视时曾在此垂钓。亭四面皆土墙，墙上开圆形洞门，由一洞门望去，正对湖上五亭桥景；另一洞门又对着远方喇嘛塔，洞门作框，组成两幅绝妙的湖景画面。除了北方的王府赐园、官宦的宅园以外，在江南地区以及绝大多数的文人园林中，建筑中的厅、堂、馆、楼虽形态各具特征，但它们的装饰却保持着同一种风格——没有五色的琉璃瓦顶，梁架上没有鲜艳的彩画，门窗上不用描金涂红，而是用黑色的板瓦、褐色的梁架、粉白的墙和灰色的砖，素雅的色调使建筑与山水植物环境紧紧地融为一体。

房屋与院墙上的门有长方门、圆洞门、八角门、梅花门、如意形和多种瓶形门。窗子除普通形状之外，还有带花纹的玻璃花窗，带花格的漏窗和只有四周窗框中间透空的空窗。而窗棂的花纹形式和空窗的形状仅在苏州一地的园林里就可以找出上百种不同的式样。这些不同形式的窗子，远看如白纸上画的花，走近一看，却发现做工相当细致考究，工艺美观，窗边框多用灰砖拼砌，打磨得十分工整，并且在边沿上附有不同的线角；窗中花纹不论是几何形状还是植物纹样，也都用条砖和泥土塑造，轮廓分明，形象清晰。这种反映了江南工匠高超技艺的作品成了这一地区私家园林的精华之笔。

网师园正对着大厅与撷秀楼的院墙大门上各有一座装饰性的门头，全部用砖仿照木结构的形式贴附在墙上，其中一座门头的左右两侧梁枋上特别雕出两幅由人物、建筑组成的戏曲场面，用多层透雕表现出来的人物连面部神态都能看到。在另一座门头的两侧也都有雕饰的磬、鱼等形象，以象征"吉庆有余"。这里的木雕工艺都称得上是精雕细刻，但两座门头上的砖雕工艺水平之高更令人叫绝——一色的灰色砖石门头坐落在双扇黑漆大门之上，在周围雪白粉墙衬托下，像两座雕刻艺术品，精

园墙上宽敞的圆洞门有取景功能。

美绝伦，绝无艳俗奢华之感。

园林中的地面，多用砖、卵石、碎石和瓦片铺就，造园工匠善于利用这些材料的不同形状、色彩和质感，将其拼成不同图案的地面，常见的多为各种几何形状和植物纹样，也有少数拼出狮子、鹿等动物形状的。这些具有不同纹饰的路面，经过几场春雨，砖石缝中冒出了青草，片片绿叶，使地面看起来清洁而且充满了生机。

网师园中砖雕的"藻耀高翔"门头

中国园林的花木栽植，有绿化的功能，但尤重姿态，讲求画意。自然界的植物生长状况各地区多有不同。江南地区不仅植物的品种比北方丰富，植物的生长期也长得多。造园者在园林中种植植物除了利用原有的树木外，其他的品种都是有所选择的。他们通过对自然界各种树木、花草的观察和研究，根据植物的生态，包括它们的形态、生长期、枝叶花卉的色彩等等加以选择和配置，使之符合营造园林环境的需要。

北方的宅园内多选择春季有花，夏季枝叶能遮阳，秋季有果实的树种，常见的有梨树、海棠、石榴、枣、柿子、葡萄等。粉色的海棠花与雪白的梨花使寒冬过后的园林春意更浓；石榴花期稍晚而十分红艳，石榴饱含颗粒的果实在中国有"多子多福"的意味；枣树、柿树虽不以花动人，但秋季串串红枣和挂满树枝的大红柿子却十分诱人；房前、廊上种上一丛葡萄，葡萄架不但可

江面园林中雅静的书斋小院和古朴的铺地

灰色碎石铺就的仙鹤图案地面十分雅致

以在炎热的夏日起到遮凉的作用，而且串串珍珠般的果实更是园中绝好的点缀。

江南园林对植物选择的余地当然更大。桃红柳绿喜迎春，园林中多以桃、柳成排栽植，阳春三月，柳叶发芽显出一片嫩绿，远观如绿色烟雾。另外，还讲求枫染深秋，雪压松柏，松、柏树不但四季常青，而且枝干挺拔，雪后身披银装，更显苍劲。芭蕉、翠竹在江南四季常绿，是园林中最常见的植物。古代造园家常用来修正假山缺陷的书带草（麦冬草），如兰叶般清秀苍劲，其温柔敦厚朴素大方的品格被视为民族风格的象征。

*61*

中国园林

园林厅堂内盆植菊花

自然生成的抽象雕塑——中国园林的太湖石峰

【太湖石】

太湖石产自江苏太湖洞庭西山和一些小岛上，由化学沉积形成的石灰岩组成。大量淹伏在小波中的石灰岩，长期经受小涛冲击的机械磨蚀与化学侵蚀作用，往往将石穿透而成孔穴，或未穿透而呈涡洞，以致形态奇异，柔曲圆润，玲珑多窍、皱纹纵横、涡洞相套，大小有致。人们常用"瘦"、"皱"、"漏"、"透"四个字来形容太湖石的古怪特色。

这些植物各有不同的自然形态，但应用在园林中，往往还须经过人工的剪裁。树干、枝叶、树冠的形态都经过了精心的修剪，不仅保持其自身优美的形态，还要求得与周围建筑、山石、水池的协调以创造出最佳的景观效果。即使是装点水面的水生植物也需搭配种植，莲荷虽美，却要将其先种植于水缸内，根据景观要求有选择地沉放于水下，使莲荷在有限的范围内生叶开花。在较大的水面，往往远处植莲荷，近岸和桥边却种睡莲，睡莲花叶小而细腻，适于近观。

园林中不少景观都是因植物而创意的。苏州拙政园中部的东南、西南角有两处厅堂小院，因各植枇杷和玉兰树而分别为"枇杷园"和"玉兰堂"。网师园水池北岸有一处厅堂，堂前有两棵苍劲古松，南望景色如画，因而取名为"看松读画轩"。苏州留园内的一株古树，枯干残枝，依偎在墙角，在粉白墙壁的衬托下，历经风霜的苍虬体态构成了"古木交柯"的景观。

除地栽花草外，还多用花季不同的盆栽装饰园林。厅堂窗前阶下、凉亭四周、岸边石上常散置盆花，在素雅、疏朗的环境中能起到点睛的作用。厅堂内素色梁架白粉墙，满堂的深色木质家具，点缀秋菊数盆，即刻满堂生辉。

营造自然风景园林，当然少不了用石，除了用石筑

山、建房、铺路、架桥、砌池岸以外，古人还喜欢用独石或堆石造景。私家园林中，以石为景可以说比比皆是，堂前屋后、廊下墙角，经常可见一石成景或立有成组的石景，石的造型讲求瘦、漏、剔、透，湖石多玲珑剔透、嵯峨深邃，黄石则挺拔削立、浑厚滋润，这些石景宛如一块块天然雕刻的艺术品。有的还在石旁、石下配置花木，更为那形色俱佳的园林景观锦上添花。

在明、清时期的私家园林中，不论在江南还是北方，不论在文人园林还是贵族王府或官僚的私家园林里，用独石造景都已成为常用手段。苏州留园东区的五峰仙馆一带翠竹中峰石挺立，象征中国五岳之胜。留园东北角的林泉老硕之馆北面庭院的水池中，高达5米多的太湖石迎空而立，通体玲珑剔透，名为"冠云峰"，两旁还有"朵云"和"岫云"二小峰相配，组成为一处巨石景观。北京恭王府的萃锦园正对园门立着一块"飞来石"，既是入门的屏障，也是入园后最先见到的景观。

扬州瘦西湖上的五亭桥，桥墩上筑有飞檐翘起的角楼亭，气势雄浑。

# 皇家风范

1403年，明朝决定将国都由南京迁到北京，将前代的元大都加以改建，压缩了原来居民稀少的城北区，将皇城前的南城墙向南移动，使皇城的前沿更加开阔。元朝的宫城建筑在战火中遭到了严重的破坏，明朝迁都时宫城是重新建的。清朝统治者入关后没有像过去的朝代那样将前朝宫室付之一炬，而是几乎原封不动地沿用了明朝紫禁城的全部宫室，这种明智之举在中国封建社会的历史上是不多见的。因而，今天人们看到的中国古代皇家园林主要是明清时期的建筑，集中在北京。

明清皇家园林广泛吸收了前代私家园林的造园经验，荟萃了古今中外园林的精华元素，有的更直接模拟私家园林格局或在私家园林基础上改建而成。漫步在皇家园林中，你一定会被无处不在的美所吸引：宫城内的花园与周围金碧辉煌的宫殿交相辉映，具有富丽堂皇的气派；离宫别馆或依托自然山水，或人工挖池堆山，在有限的空间内成功地再现了自然山水的宁静淡远。承德避暑山庄的外八庙体现了明清寺庙园林的宗教特色；乾隆皇帝钟情西湖风光，在圆明园中移植了"曲院风荷"、"平湖秋月"等自然风景园林的景致。

皇家园林往往是皇权的象征，具有宏大的规模和宏伟的气势。从昆明湖岸边的云辉玉宇牌楼仰望万寿山的前山，排云门、排云殿、德辉殿、佛香阁等建筑层层上升，都建在了一条中轴线上，象征着神权的佛香阁高41米，它高高在上，具有主宰一切的气势，是全园构图的中心和标志性建筑，排云殿则在中轴线的正中。整个建筑群既充分体现了佛经中所描绘的仙山琼阁的天国境界，又反映了维护封建专制统治的君权神授思想。

# 明清皇家园林速写

## 皇城御苑

明朝的皇家园林集中建在皇城和宫城之内。在新建的宫城紫禁城内，有处于中轴线北端的御花园和东北部的建福宫花园。在皇城的范围里，还有紫禁城北部的万寿山、西部的兔园和西苑、东南角的东苑等，其中最主要的是西苑。

西苑紧贴紫禁城西，这一带开发很早，远在1151年，北方少数民族女真族政权金（1115—1234）在燕京建都，称中都，西苑就位于中都的西北郊。此处原为一片湖沼地，上接高梁河。金的统治者利用这里良好的自然地理环境建大宁宫作为帝王的行宫，将湖沼开凿为大湖，湖中堆筑大型岛山，取名为"琼华岛"，岛上兴建了广寒殿，并堆石成假山，传说所用石材是金灭北宋后由宋皇园艮岳运来的，而且仿照艮岳中的寿山造型。

13世纪，蒙古族政权元兴盛并一举统一了中国。1272年，元朝决定在金中都（今北京）旧址建立都城，尽管当时中都城市受损严重，大宁宫却保存完好，于是

紫禁城与西苑平面图

元朝即以其为中心，规划建设了新的国都"大都"，大宁宫被围在皇城内。原来的大湖被开拓成"太液池"，在皇城布局中位于宫城以西，大都西北郊专供宫城的用水经金河注入其中。太液池沿岸广植林木，经过开挖后，池内除原有的琼华岛外，还堆筑了"圆坻"与"屏山"两座小岛，并将琼华岛改名为"万寿山"。万寿山上建造了以广寒殿为主的数十座殿、堂、亭、台。圆坻小岛的北面有石桥与万寿山相联，东、西两面也有木桥与东、西岸相通，岛上还新建了仪天殿。经过如此精心的营造，太液池成了一处充满自然情趣的皇城御苑。

　　1422年，明朝迁都北京后，统治者住进了新建的宫城，宫城与太液池间的关系位置并未改变，但对太液池进行了较大规模的扩建，在琼华岛上和太液池的北岸增设了建筑，使原来具有自然野趣的太液池加重了人工环境的色彩；在圆坻的东岸用土填实

自北海望团城及中南海

水面，使小岛变成东岸突出的半岛，并将土台用砖围砌成"团城"；将太液池向南开拓，扩大水面，扩凿部分称为"南海"，团城以北称"北海"，南、北海之间部分称"中海"，原来的太液池从此形成了北、中、南三海的格局，称为"西苑"。西苑成了明皇城内最主要的御苑。

清王朝进北京，入驻紫禁城，仍沿用原有的几座宫内御园，继续扩建以三海（北海、中海、南海）为中心的宫苑，比如现在北海公园内的白塔、北海北岸的几组佛教建筑以及北院墙下的"静清斋"、北海东岸的几组建筑与山水景区、南海中的"瀛台"、南海北岸的勤政殿等建筑群，都是在清代改建、增建的。经过这样的营建，西苑内建筑的种类与数量大大增加，原有的自然情趣相对减弱而人文景观增多，更多地表现出皇家御园的宏伟气势与富丽风格，这种规模与风貌后来基本没有什么变动。中南海现为中国中央政府的办公地点，而北海已辟为公园。西苑中大片的园林水面与严谨的建筑布局巧妙结合，堪称杰作，直至今日，这里仍是北京城市中心区园林绿化的基础。

## 避暑行宫

1994年，河北承德避暑山庄及周围寺庙以独特的风采被联合国教科文组织正式列入《世界遗产名录》。山庄融会南北建筑艺术精华，既有南方园林的风格、结构和工程做法，又多沿袭北方造园的常用手法，可以说是一个综合的建筑艺术典范。

清王朝的创建者满族人起初是在中国东北地区从事渔牧的，入主中原后，他们仍保留了祖先善骑射的传统。在国家统一、国力增强后，皇家园林建设也不再满足于对皇城御苑的改建而将注

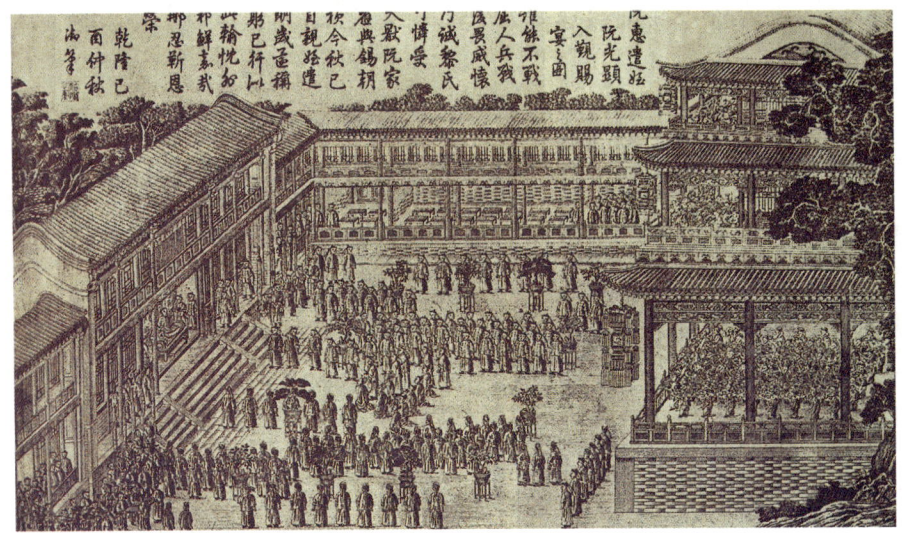

清乾隆年间皇家在避暑山庄观戏图。

意力扩展到其他地区。

　　康熙十六年（1678年）起，清王朝开始了帝王定期出巡塞外（长城以北）、训练军队的活动。这种每年秋季举行的活动后来几乎成了清朝的定制。每次活动都由皇帝率领文臣武将，在蒙古王公的陪同下，浩浩荡荡的队伍出古北口（在今北京密云县境内），在长城以北择地围场，进行狩猎、比武，并举行一系列的赏赐、封赠活动。于是，逐渐在气候凉爽的内蒙古喀喇沁等牧区形成了固定的围场，并在北京至围场的途中建立起多处行宫。其中最大的行宫设在承德，此处原为蒙古族的牧马场，有林木覆盖的山岭，有丰富的地下泉水，草木茂盛，气候凉爽，人烟稀少。康熙皇帝十分喜爱这片避暑胜地，亲自选定在此地建造"避暑山庄"。清朝初期的一座大型皇家园林由此诞生。

　　1735年，清王朝入关后的第四任皇帝乾隆登基，此时国家的财力已具备了相当实力。乾隆对汉族传统文化有较深的了解，他曾先后六次下江南巡游，当地的名山大川和名园给他留下了深刻印象。在他的亲自主持下，开始于康熙时的皇家园林建设，到这一时期达到了高潮，并形成了鲜明的特点——艺术技巧穷极造作，过分雕琢、堆砌而失于繁复。

乾隆皇帝把注意力集中在北京西北郊和承德避暑山庄的皇家园林建设上。自1751年开始，花了近40年的时间对避暑山庄加以扩建，完成了数十个景点，并且还在山庄外建设了八座佛教寺庙，即今人所称的"外八庙"。避暑山庄成为当时规模最大、气势最宏伟的皇家园林。

避暑山庄湖泊区以真山真水布局。

# 北京西北郊园林区

北京的西北郊经过明朝末年的战乱，原来众多的私家园林多数已经荒芜、萧条了。清朝开始大规模园林建设以后，对香山、玉泉山等自然园林风景区进行了改建与充实，加上收归皇家的明代私家园林，北京西北郊成为一片园林集中的地带。

香山是西山山脉的一座小山，林木茂盛，气候凉爽，早在辽（907—1125）、金、元时期即有古寺建于山中，帝王偶尔还会前去游赏。1677年，康熙将原来的香山寺改建为行宫，雍正、乾隆时期先后两次扩建行宫，并于1747年将香山命名为"静宜园"。

玉泉山属西北郊平原中突起的小山岗，以多泉水而著名，山上林木郁郁葱葱，金、元以来已有多座寺庙建于山中。康熙时在山中建立行宫御园"澄心园"，后改名为"静明园"。乾隆时又

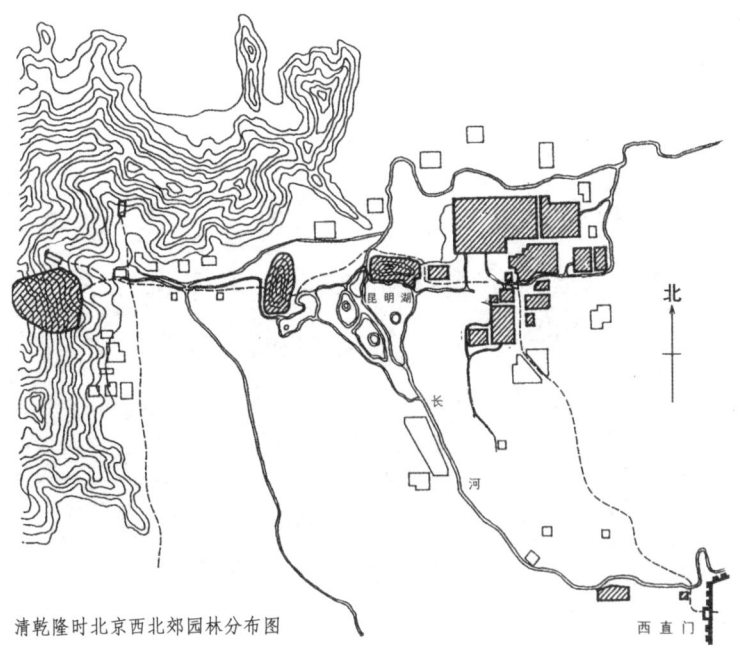

清乾隆时北京西北郊园林分布图

将附近河湖土地圈入园内，扩大了静明园的范围。

清王朝在西北郊兴建皇园始于1684年，当时为了节约费用，特选择在明代著名私家园林清华园的旧址上兴建新园。清华园内建筑虽已被毁，但林木、丘壑、泉石仍在，所以经三年修葺即建成了西北郊第一座人工山水皇家园林"畅春园"。建成后，就成了康熙皇帝处理政务的重要场所，这也是清朝在京城之外建立的第一座离宫型御园。

玉泉山静明园林木葱茏，建有多座庙宇。

随后，康熙又将畅春园北面的一座明代私家园林作为"赐园"送给他的第四子，也就是后来的雍正皇帝，取名为"圆明园"。另外，又新建园林或改建明朝私家园林，其中比较著名的有自怡园、熙春园、澄怀园等，这些中、小园林建在畅春园附近，使畅春园这座离宫成了京城之外的政治中心。

北京西北郊的圆明园经过雍正王朝的经营，面积加大，建筑增多，雍正常年居住园内，使之成为京郊又一座重要的离宫御园。乾隆皇帝登位后仍以此作为自己的离宫，并在雍正时已完成的28景的基础上进一步增建完善，到1744年时已完成40景。1751年，乾隆又在圆明园东建长春园，东南建绮春园，三座园林连为一片，共同管理，圆明园由一座园林发展成为由三园组成的占地350余公顷的京郊第一大园。

圆明园扩建后，乾隆写文章说，圆明园已经成为美轮美奂

与自然山水融为一体的香山静宜园

的皇家园林，后世子孙从勤俭的角度出发，没有必要再兴建别的园林了。但事隔不久，他却自食其言，又着手清漪园的建设。清漪园位于玉泉山与圆明园之间，此地原有瓮山和山前的西湖，并且此湖早就成了西北郊向城里供水的蓄水池。乾隆提出的建园动机一是为了庆祝皇太后的寿辰，二是为了扩大西湖，疏浚供水河道。实际上，这位酷爱园林而又见多识广的帝王虽然在西北郊先后经营了香山、圆明园等园林，但总感到香山有山而缺水，圆明园为平地造园，有水而缺山，对于山水园林总归是件憾事；而瓮山既有山又有水，实为建造园林的宝地。1750年，清漪园在乾隆亲自指导下动工，经14年之久，于1764年建成。至此，在北京西北郊已建成了五座皇家园林，分别是香山的静宜园、玉泉山的静明园、万寿山的清漪园，以及畅春园和圆明园，统称为"三山五园"。在五园的四周还散布着数十座赐园和私家园林，并且随着清漪园的修建、供水道的疏浚、水位的提高和水流量的增加，开辟了一条自玉泉山到昆明湖，经长河直达北京西直门的水道游览路线。自此，西北郊的海淀成为一片辽阔的皇家园林区，在这里集中了自然山水、自然山地和人造山水等多种类型的皇家园林和私家园林，也集中继承了古典园林的造园传统，成为后世了解中国古典园林艺术的范本和参照。

# 名园荟萃

## 紫禁城御花园

御花园建于明朝永乐十八年(1420年)，与紫禁城宫殿建筑群同时完成，建成后曾对园内建筑作过少量改建，但总体格局仍保持原貌。

园内的观景制高点御景亭

御花园位于紫禁城中轴线的北端，是中轴线上最北面的一组建筑群。作为宫城中最主要的一处御园，又处于这样重要的位置，紫禁城御花园在总体上没有采取江南私家园林那样灵活自由的布局，而是采用了宫廷建筑的中轴对称形式。

御花园占地1.2公顷，建筑按东、中、西三路整齐地布置。钦安殿位于御花园的中心点，是一座供奉元天上帝的道教建筑。东路从南至北建有

75

绛雪轩、万春亭、浮碧亭、摛藻堂等多座建筑，御景亭高踞假山
顶部，可俯视全园和观赏宫城内外景色，是帝王中秋、重阳登高
赏月观景之处。假山下有石洞，人工引水至高处，由山下石雕龙
头口中喷出，水流不断，成为园中一景。西路由南往北建有养性
斋、千秋亭、澄瑞亭、位育斋和延辉阁。这几座建筑正处在与东
路绛雪轩、万春亭、浮碧亭、摛藻堂、御景亭对称的位置，全园
建筑布局十分规整。但是御花园毕竟是一座园林，功能与宫城的
前朝后寝完全不同，造园者就在保持整体布局的前提下，采用了
灵活多变的手法避免御花园显得过于工整单调。

　　首先，在建筑的类型与形态上采用了丰富多样的形式。御花
园里有多层的楼阁，又有单层的堂轩，亭子的式样也富于变化。
例如，有的亭子坐落在白石台基上，有的却是水池上的桥亭。万
春亭与千秋亭的下层呈十字形，而上层却变为圆形攒尖的形式，
造型既有皇家建筑的豪华气魄，又带有园林建筑的活泼风格。

万春亭屋顶宝顶　　　　　　　　千秋亭屋顶宝顶

园内木化石盆景

其次，左右对称的规整布局中随处可见细节变化的美感。分列于东、西墙下的绛雪轩和养性斋，左右对称，前者是单层的轩房，轩房前有琉璃花台，台上植花木，置盆景；后者却是一座两层高的小楼，楼前由叠石的假山围合成半封闭的庭院。两处建筑物的形象和它们各自构成的环境景观都不一样。从承光门两侧旁门走进御花园，会发现紧邻北墙的御景亭与延辉阁处在对称的位置上，但一个是假山上的小亭，另一个是琉璃屋顶的二层楼阁；万春、千秋二亭形态上相同，亭顶的式样却不相同，亭子内圆形天花藻井的式样也不雷同。

第三，在建筑的装饰上采用了与宫殿建筑不同的主题与形象，在浮碧亭和澄瑞亭的"井"字天花上看到的不是宫殿中惯用的龙凤纹样，而是梅花、兰花、牡丹、芍药等花朵图案，还有桃、石榴等果实图案，形象多样而生动，有的还具有吉祥、长寿等象征意义。绛雪轩的梁枋上舍弃了传统的彩画，而是描画上青绿色的竹纹，轩内门窗也一律保持木料的本色，从而加重了这座建筑朴素雅致的风格。园林的情趣甚至体现在园中路面上，除中路中央的路面仍用石板铺砌外，其余道路都用碎石与砖瓦砌造，利用这些砖石材料不同的形状、色彩、质感拼嵌出动物、花卉、器具和人物形象，一幅接着一幅，组成了连片的地上彩画，随时随地带给游人美感和惊喜。

第四，也是最主要的，应用植物花草的配置营造园林环境，应用堆石、盆景的点缀增添园林的气氛。园中种植的树种限于北方的气候条件，以常青的松、柏为主，沿着道路成排栽种，落叶的槐、榆、海棠等树种为辅，散植于园中，形成了皇家园林所特有的凝重风格。花卉用移栽和盆栽的方式，春夏季有迎春、芍药、牡丹、黄刺梅等，秋季以菊花为主，水池中种有睡莲。不同的季节有不同的花卉，鲜艳的色彩点缀在御花园里，起到了点睛的作用。园中的堆石假山有的集中布置，与建筑配套；有的散置于建筑一角，作为独立的石景供人观赏。园中的盆景除少量盆栽的名贵花木外，多数都属各地进贡来的石景。这些盆景造型各异，有的玲珑剔透，有的浑厚刚劲；有的形如古木化石，有的则为海中珊瑚制成；一块灰色石上的红色斑纹看起来好像一个文臣拱手拜天，是著名的"诸葛亮拜北斗陨石"。规整对称的建筑与道路的布局，树木花草的搭配种植，堆石、盆景的点缀，使御花园既保持了宫廷中皇家御园严肃、凝重的风格，又富有园林情趣，在这一点上看，御花园不失为成功的作品。

## 宁寿宫花园

宁寿宫花园是乾隆皇帝准备退位后居住养老之地，所以又称为"乾隆花园"，位于紫禁城东路宁寿宫内。宁寿宫建于1771年至1776年，分前后两个部分，后面部分又可分为中、东、西三路。宁寿宫花园就位于后面部分的西路。

宁寿宫花园总面积只有御花园的一半，局限在一条南北长160米，东西宽仅37米的窄长地段上，由于地段的大小、形状不同，在总体布局上自然与御花园采取了不同的形式。宁寿宫花园最大的特点是将地段由南而北分隔为五进近似方形的院落，化整为

禊赏亭内流杯渠

79

古华轩木雕天花

零，消除了不利的空间窄长感。

由南端的园门衍祺门入园，迎面是一座人工假山，穿过山间曲折的通路，就进入了第一进院落。院内的主要敞厅古华轩坐北朝南，因为厅前的古桦木而得名。古华轩的东、南、西三面均用假山石围合，院内古木遮荫，颇能体现山石之妙趣。

穿过古华轩北的垂花门，就进入了第二进院落，这是一座标准的四合院，正面为五开间的遂初堂，左右有三开间的东西厢房，四周有游廊相联，点缀花木，组成宁静疏淡的院落，具有与第一进院落完全不同的景观环境。

第三进院落景观又为之一变，院落内堆筑着一座庞大的石山，山上峰峦突起，山间洞堂串连，山峰上建有一座耸秀亭。这进院落以山景为主，十分幽静，与前二进院落景观互为异趣。

第四进院落布局又起变化。进门迎面就是华丽巍峨的符望阁，平面构图为正方形，阁内用纵横的隔断墙将室内分隔成迷宫般的空间，隔断墙上布满木雕、镶金、嵌玉、景泰蓝等工艺制作的装饰，精美异常，堪称紫禁城室内装修之一绝。

最后一进院落又恢复到一座规整的庭院，院西是一个跨院，院内的竹香馆翠柏修竹，自成天地。院北为倦勤斋，共九开间，其中西四间是乾隆听戏之地，内设小戏台，室内墙壁、隔扇、天花均有华丽的彩绘。

宁寿宫花园作为一座小型的皇家御园，充分应用了中国传统的造园手法。布局上，以不同形态的院落和对称、不对称的建筑组成不同的空间；造景上，以建筑围合的四合院和以山石为主的庭院创造出疏朗与紧锁的不同景观；建筑形象上，采用了厅、堂、楼、阁、轩、亭等丰富多样的形式；在装修与装饰上，除了一般的琉璃、彩画、雕石栏杆之外，还有紫禁城内少见的木雕天花和精美绝伦的室内隔扇与照壁。通过这些手段，在一块狭长的地段上造出了变化多样、步移景异的园林环境，使得宁寿宫花园成为宫城内又一座精致的御园。

# 圆明园

焚毁前的圆明园大园套小园，美不胜收，以建筑群为中心的景区就多达120多处，而且绝不雷同。法国作家雨果曾评论道："把我们所有教堂的所有宝物都集中起来，也比不上这座了不起的富丽堂皇的建筑。"英国皇家建筑师张伯斯称圆明园是"从大自然中收集最赏心悦目的东西，组成一个最动人的总体"，并为肯特公爵设计了欧洲第一座"中国式园林"——丘园。可以说，圆明园对世界园林艺术的发展曾产生深远的影响。

圆明园先是康熙皇帝送给其四子雍正的赐园，雍正在位13

年，常住园中，将圆明园建成拥有28景的离宫型御园。乾隆在此基础上扩建成40景，并增建长春、绮春二园，合为圆明三园。嘉庆时继续扩大三园范围，增添建筑，终于建成了这座北京西北郊园林区中最大的皇家园林。圆明园占地350公顷，陆上建筑面积和故宫一样大，而水域的面积相当于一个颐和园。

圆明园与其他皇家园林相比，有些什么特征，在中国古典园林建设上有哪些成就？综观起来，可以归纳为以下几个方面：

圆明园最大的特征是平地造园，园中有园，又以水景为主。

圆明园地势平坦，既无山也无河流通过，可取的是地下水资源丰富，挖地三尺即可见水。这样的客观条件决定了只能是平地造园，挖池堆山，营造出山水园林环境。于是在这块350公顷的园地上，共挖出相当于总面积一半的水面，其中最大的水域福海，宽达600米，面积近30公顷，水面十分广阔；中型水域也宽达200米～300米；小型水面更是无数。回流不断的小溪水如同流动的纽带，将这些大小水面联成一个完整的水系。挖凿水面产生的泥土就近堆山，因而水多山也多，大小山丘加起来也占了全园的三分之一。不过这些用土堆积的山丘都不很高大，并没有破坏全园以水景为主的特征。

圆明园既没有香山静宜园那样的自然山地环境，又没有北海琼华岛和清漪园万寿山那样平地突起的山峰，所以只有由一组又一组的景区，靠大园中的小园组成庞大的人工园林环境。如果按功能区分，这些景区既有供帝王上朝听政用的"正大光明"与"九洲清晏"的宫殿建筑群，也有供奉祖先的安佑宫、敬佛的舍卫城，有存藏图书的文渊阁，有市肆买卖街，还有大量的专供游乐休息用的景点与景区。如果以景观的形态来分，这里有规整的

建筑群组成的圆明园大宫门内的宫廷区、长春园中心区的含经堂和淳化轩等组成的建筑群；有以水面景观为主的福海蓬岛瑶台、长春园西部的海岳开襟、绮春园的凤麟洲与鉴碧亭等；有表现山庄小园的四宜书屋；还有表现长河水村景观的紫碧山房、多稼如云等。这些景点有的以建筑为主体，配以山水植物；有的以山丘、水面、水流、植物为主，其中点缀亭、台、楼、阁；各具不同情趣。这些景点又分区组合而成一个较大范围的景区，例如福海四周安置着方壶胜境、接秀山房等近20处景点，组成了以福海为中心的圆明园东部大景区。这些大大小小的景区和景点共有120余处，相互之间既有山丘相隔，又有园路与水道相联。这里的景观充满了江南水乡情调，水面辽阔处烟云浮飘，山路、水湾环绕处宛转多姿。景区、景点之间相隔的不是私家园林中的矮墙与折廊，而是曲折的山丘；相联的不是

圆明园盛期写景图。1744年清宫廷画师沈源、唐岱绘制绢本彩色《圆明园四十景图》，原图仅一套，今藏于法国巴黎国家图书馆。此三图均为后人据文献资料描摹复原之作。

园中独步的石径与墙上的花窗与漏窗，而是蜿蜒相通的河道与通道。这些景区与景点犹如一个个大小不同的园中之园，它们既相隔又相通，组成一座以平原水景为主的庞大园林。

在圆明园景区与景点建设中还有一个明显的特点，就是借用各地的名胜古迹。乾隆皇帝曾六次下江南，每次都要去苏州、扬州、杭州一带畅游山川名园，并随身带着画匠，将他喜好的山川名胜摹画下来，带回北京仿造。所以光杭州西湖的著名景点在圆明园就出现了玉泉观鱼、曲院风荷、三潭印月、南屏晚钟、平湖秋月、柳浪闻莺等六处之多，还有苏州的狮子林、买卖街，南京的瞻园和扬州的瘦西湖等。

值得一提的是乾隆时期在园中仿造的一群欧洲风格的庭园建筑。随着天主教在中国的传播，西方的建筑艺术和造园技术也先后传入中国。这些完全不同于中国传统风格的西方建筑与园林形式引起了清朝统治者的兴趣，于是乾隆决定在长春园的北部建

今日俯瞰圆明三园全景

圆明园西洋楼景区是由乾隆年间宫廷的西洋画师、意大利籍传教士郎世宁、法国神父蒋友仁设计监造，中国工匠施工完成的。图为废墟中的西洋楼残迹。

造一个欧洲宫苑形式的"西洋楼"景区。"西洋楼"由几位在中国传教的法国、意大利、波希米亚籍的传教士负责设计，由中国工匠精心施工。这组欧式建筑于乾隆二十五年(1760年)建成，包括谐奇趣、方外观、海晏堂、远瀛观等六幢宫殿式建筑，以及万花障、线法山与线法墙三处庭园。它们都是欧洲当时盛行的巴洛克风格的建筑，用石料建造，外部充满了雕刻装饰。宫殿之前有几处大的喷水池，四周植物配置也完全采用欧洲规整式园林的传统手法：排列成行的大树，修剪整齐的绿篱，用花卉组成的几何图案。考虑到中国的国情，西洋楼在布局和建筑个体形式上掺杂了中国的传统手法，例如喷水塔做成中国佛塔形式、用鸟兽类形象代替了西方的裸体人像雕刻、在一些石雕装饰上也用了些中国纹样等等，但在总体上，"西洋楼"景区仍成了圆明园的一个特

圆明园九洲清晏景区，曾是的皇帝宴请宾客的场所，在英法联军的炮火中化为灰烬。

区，具有迥异于传统园林样式的异域风情。中西方建筑和园林文化这样集中地结合在一起，在中国历史上还是第一次，对于长期闭关自守的中国封建社会来说，不能不说是一次大胆的实践和勇敢的突破。

圆明园的第二个特征是建筑类型多，形式多样，极富变化。

圆明园作为一座离宫型的大型皇家园林，它的功能是多方面的，不但是帝王游乐、休闲的园林，还是帝王处理政务，进行祭祖、拜佛、读书等活动的宫苑。因此，圆明园的建筑类型包括宫殿、庙堂、寺院、住宅、藏书楼、市肆、戏台和大量供游乐、休闲用的亭、台、楼、阁，以及桥梁船坞、码头等服务性建筑。这些建筑不但因功能不同而自成风格，而且还打破常规，创造了许多并不多见的新颖形式。例如房屋平面的形状除惯用的长方、正方形以外，还出现了工字、中字、田字、曲尺、扇面等多种式样；园内仅亭就有四方、六角、八角、圆形、十字形，还有特殊的流水亭；廊也分直廊、曲廊、爬山廊和高低跌落廊等多种式样；一百余座桥梁有平桥、曲桥、拱桥等多种样式。

由这些不同的建筑组成大小不一建筑群也是形式多样。中国古代传统的建筑组合多为中轴对称，规整的四合院落布局。园内的建筑群虽然在总体上没有超越这种传统式样，但是多采取了灵活处理的方式：一是在总体保持有中轴的前提下，局部采取左右不完全对称的办法。例如"汇芳书院"建筑群，在房屋布局上，纵、横方向都有轴线关系，但在纵轴线两边分别为单层和二层房屋；在横轴的左右前方，一边为由二层楼、单层楼、轩亭组成的建筑组合，另一边却只有一座四方小亭。二是在对称的位置采用

圆明园大水法残迹

万寿山排云殿内古色古香的陈设

不同形式的建筑。如"天然图画"建筑群的主要建筑在二层厅堂的两侧分别建有高台楼阁与单层平屋，位置对称但形态各异。三是只保持主要建筑大门与正厅之间的轴线对应关系，其他建筑随地形灵活安排。如"四宜书屋"建筑群，除大门与二层楼厅采取对应轴线关系，其余的轩房廊屋都按照山阜、水流的变化而灵活布置，错落有致。

园内建筑都用北方官式形制，室内装修华丽，陈设讲究，颇具皇家气派。但在建筑外观上，除宫廷区和少数重要殿堂建筑外，多采用较为朴素的装修，梁架上保留木料的本色而不施或少施彩画。所以尽管全园大小建筑群共达120余处，但总体上并不以富丽、奢华取胜，反而与四周的山水植物相协调，共同构成了富有江南水乡情调的北方水景园林环境。

## 清漪园（颐和园）

　　清漪园是颐和园的前身，位于玉泉山静明园与圆明园之间。这里原有一座平地突起的瓮山，山前的水面原称"瓮山泊"，这块山水园林宝地元朝时就得到开发了。

　　清漪园始建于1750年，以瓮山与水泊为基础，以杭州西湖为蓝本进行改造和规划。酷爱山水园林的乾隆曾六下江南，每次都到杭州，可见他对西湖的钟爱。改造过程中，将水泊扩大挖深，并用挖出的泥土增大瓮山的山体，进一步形成了山临水、水抱山的背山面水形式；仿照西湖苏堤在西水域留出一道南北向的长堤，加上斜出的支堤，将湖面水域一分为三。同时又在山北挖凿溪河，使之与山前湖水相连，形成山嵌水抱的地貌。改造后的瓮山称"万寿山"，山前之湖称"昆明湖"。从清漪园的布局可以明显看出，万寿山与昆明湖的相互关系、昆明湖水域的划分乃至形状、湖中西堤的位置及走向都与杭州西湖十分相像。

　　园中景点大多依傍万寿山和昆明湖而建。万寿山南麓，金黄色琉璃瓦顶的排云殿溢彩流光，巍峨高耸的佛香阁统领全园。登临佛香阁远眺，昆明湖碧波荡漾，蜿蜒逦迤的西堤犹如一条翠绿的飘带，十七孔桥倒映水面，涵虚堂、藻鉴堂、治镜阁三座水中岛屿鼎足而立。湖畔岸边，还造有著名的石舫、惟妙惟肖的镇水铜牛、赏春观景的知春亭等景点建筑。万寿山北麓，仿西藏寺庙建造的四大部洲建筑群雄伟庄严。山脚湖水随山型地貌演变为一条舒缓宁静的河流，顺地势而开合。两岸树木郁郁葱葱，雕梁画栋时隐时现，后溪河中游的买卖街建筑错落有致。沿河东游至水尽处，忽闻溪流淙淙，不觉已经来到了精致典雅的谐趣园。

清漪园内可分为宫廷区、前山前湖区与后山后湖区三部分景区，总面积290公顷，其中水面即占据了四分之三。

## 宫廷区

清漪园与畅春园和圆明园一样都属于离宫型的皇家园林，为适应皇帝听政的需要，都专有一个宫廷区域，而且都处于园林的主要入口位置。清漪园的宫廷区在全园东北部，地处万寿山东南角下，西临昆明湖，东宫门为主要大门。宫廷区之所以选择在这个位置，是因为此处距离圆明园最近，便于帝王来往于两园之间，而且北靠万寿山，西临昆明湖，紧邻山水游览区，符合前朝后苑的传统格局。

东宫门位于宫廷区的正前方，连同门前的广场、影壁、牌楼，显示出皇家建筑的气魄。进东宫门迎面就是宫廷区的主要建筑仁寿殿群体，由仁寿门、大殿及左右配殿组成。仁寿殿是皇帝在园中上朝听政的场所，殿内设有御座，殿前还列有麒麟、铜香炉和水缸等摆设，颇有几分宫殿的威仪；但是这里毕竟是离宫园林中的宫廷，所以在大殿前的院落中还是种植了松、柏、海棠等花果树木，设立了栽种牡丹花的国花台，摆设着供观赏的湖石，布置成园林庭院。

仁寿殿周围有宜芸馆、玉澜

【舫】
　　园林建筑中舫的概念，是从画舫那里来的。由石料建造的舫不能移动，只供人游赏、饮宴及观景、点景。构造与船相似，分头、中、尾三部分。舫头有眺台，作赏景之用；中间是下沉式，两侧有长窗，供休息和宴客之用；尾部有楼梯，分作两层，下实上虚。

颐和园清晏舫是借用西洋火轮外形的园林船景

万寿山上的排云殿、佛香阁建筑群

堂、乐寿堂等几组四合院建筑，这里是帝王的居住地，在宫廷区内属于后寝部分。

## 前山前湖区

这个景区包括万寿山山脊以南和山前整个昆明湖区域，是清漪园最主要的风景区，面积占全园的88%，又可以分为前山与前湖两部分。

万寿山东西长1000米，山脊高60米，前山部分山势相对较陡，它面朝南方，前临昆明湖，有广阔的视野，所以成了园内主要风景建筑的集中地。园内最主要的建筑是庆祝皇太后寿辰的大报恩延寿寺，安置在万寿山前山的中央部位。这组建筑由天王殿、大雄宝殿、多宝殿、佛香阁、众香界牌楼、智慧海殿等组

【阁】

园林中的阁与楼近似，但较小巧。平面为方形或多边形，为多层建筑，四面开窗。一般用来藏书、观景，也用来供奉巨型佛像。

成，从临湖的山脚，依着山势，一直排到山脊，南北呈一条纵向的中轴线。清漪园被英、法联军烧毁重建时，将南半部分改建为朝会用的排云殿组群，但其占据的中轴位置并没有改变。在这条轴线的东、西两侧还有转轮藏、慈福楼和宝云阁、罗汉堂两组建筑群构成的左右两条次轴线。这样，由这三条主次轴线组成的庞大建筑群耸立于万寿山前的中央，高踞于台座上的佛香阁和山脊上的智慧海重点突出，成为这组建筑群的主体。排云殿、佛香阁都是黄、绿琉璃瓦顶，梁枋上施满彩画，红柱红门窗，色彩鲜艳，形象华丽。牌楼与智慧海更是通身用彩色琉璃装饰，在阳光下闪闪发光。

在这组建筑群的东西两侧还散布着十多处不同的景点建筑。东面山脊的湖山是西望玉泉山及西山借景的极佳观景点；东面山脊的景福阁则是俯瞰昆明湖景的好去处；西侧山腰上的"画中游"不但可尽览湖山美景的楼阁，而且还以其华丽形象成为前山西侧的重点景观；东侧山脚下的乐寿堂，临水的水木自清与两旁

远眺万寿山、昆明湖。

的粉白花墙以及它们在湖水中的倒影，组成了一处极富江南情调的景观。这些散置的景点，在满山常青的松柏树木衬托下，或隐或显，将前山装点得明艳动人。

更为出色的是在万寿山的脚下自东到西的那条长廊，它全长728米，梁枋上全部用彩画装饰，彩画中绘制了《红楼梦》、《西游记》、《水浒》等古典小说中的故事场面和各种动、植物形象，近千幅的彩绘画面几乎无一雷同。当人们漫步长廊，远眺廊外一片湖光山色，玉泉山、西山烟雨迷蒙；近观龙王庙、十七孔桥飘浮水面，还可见万寿山脚下四合院的门头花墙，山腰上的佛香阁、智慧海；廊里更可观赏那满绘于梁枋间的历史画卷。长廊将远近景观联成一幅山水长卷，既可以防雨、遮阳，更是一条出色的游廊、绚丽的画廊。

昆明湖东西最宽处1600米，南北长近2000米，提供了从东往西和从南往北的纵深景观距离，在客观上保证了宫廷区和万寿山这两个最主要观景区的景观效果。

昆明湖采用一池三山的布局，三山中最重要的当属南湖岛，岛上有一座龙王庙叫"广润祠"，岛东有十七孔桥和东岸相连，是园内最大的一座石桥。石桥东端还建有一座体量庞大的八角形重檐屋顶的廊如亭。这一岛一桥一亭组成的一幅横向画面是昆明湖中最主要的景观。同时岛上的涵虚堂二层楼阁突出于岛的北面，与万寿山上的佛香阁隔水相望，互为对景。伫立阁上，可观赏万寿山全貌，向西更可遥望远处的西山和玉泉山玉峰塔影。另外两个岛屿上分别建有楼阁和殿堂，既是西边

【借景】

计成在《园冶》中指出，"园林巧于因借"。大至皇家园林，小至私家园林，空间都是有限的，造园时考虑到在横向或纵向上让园中人扩展视觉和联想，以小见大的手段，便是借景。比如，借远方的山，借园林附近的河湖之水，借园林周围自然山野的景色等等。

水域的主要景点，又成为观赏远近山水景观的好去处。

昆明湖的西堤是完全模仿杭州西湖苏堤建造的，其位置与走向都与苏堤相仿，堤上也建造了六座桥，不过这些桥除了一座圆形石拱桥外，其他几座桥上都加了形象各异的亭子而成为亭桥，仿佛一粒粒珍珠镶嵌在长堤上。

### 后山后湖区

清漪园改建时主要扩大的是山前的水泊部分，而山后差不多只是在山脚处围以院墙，限制了园林在北面的发展。但是就在山后这狭长的地段中，造园者精心构思与经营，仍然创造出一处别具特色的景区。

后山后湖景区最主要的标志是后溪河，这是一条位于万寿山北麓，从西到东挖掘出来的溪河，挖出的土方堆筑成土山，与万寿山形成两山夹一河的格局。由于地势的限制，溪河的河道当

雕梁画栋的长廊

须弥灵境喇嘛庙

修复后的买卖街

然不可能太宽，在这东西长达1000米的狭长河道上，造园者有意识地将它们作了宽窄相间的处理，窄处不过10余米，宽处有70多米，形成了一个小小湖面，并且还借北侧的山势与之相配合，河道宽处山势低缓，河道窄处山势高峻。舟行河上，由西往东，左右两山夹峙，山上树木郁郁葱葱，水面忽窄忽宽，一路蜿蜒而行，时而轩榭亭台伸临水边，时而殿宇楼阁隐现山腰，浓绿的松柏，橙红的栾枫，景色清幽而绮丽。

更有特色的是在溪河的中段有一段仿照苏州、南京等地河边市肆建造的买卖街。进入这段长约270米的河街，只见两岸店铺鳞次栉比，各商家招幌迎风飘动，每遇皇帝出游，则令宫中太监临时扮作店员与顾客，一时间人群熙攘，好像到了江南水乡的闹市。

后山的山势平缓，同前山一样建有十多处建筑群。其中最主要的是居于后山中心位置的须弥灵境寺庙，这是离宫型皇家园林中最大的佛寺建筑，既满足皇帝礼佛的需要，也起到了团结藏、蒙等少数民族的作用。寺庙前半部包括牌楼、广场、大雄宝殿、

精致、紧凑的谐趣园全景

配殿等，后半部仿照西藏著名古庙桑耶寺的形制建成的庞大的宗教建筑群，高高的大红台，富有特征的日、月殿与喇嘛嗒，形象鲜明，处于后山中轴线上。

在须弥灵境建筑群的两边，还有十多处大大小小的建筑群。在这些建筑之间，有一条处于半山腰的山间道路贯穿东西，山道曲曲折折，两旁古松林立。众多的建筑群有的邻近路边，有的隐于山林深处，以林间小径与道路相联。

如果把前山前湖与后山后湖两个景区的景观相比较，可以明显地看到，前者的景观是广阔的、开放的，而后者则是幽静的、内敛的——站在佛香阁的平台上，前面一片湖光水景，连接着无边无际的田野；左右则一边是林木葱郁的园林区，一边是玉泉塔和雾霭中的西山远景；视野辽阔，环境开朗。前山上无论是中央排云殿、佛香阁建筑群，还是两侧的"画中游"与乐寿堂、夕佳楼都建于山前、湖滨，建筑体前都有广阔的空间供人观赏。而后山后湖却不同，溪河蜿蜒于两山夹峙之间，山道穿行于林木丛中，众多的建筑群大多隐没于林木茂密的山凹中，不论是山区、溪河的大环境，还是建筑群的小环境都趋于清幽与深邃，与前山前湖区在视觉与意趣上形成了的强烈反差。

在万寿山东北的山脚下有一座小园林，这是一座仿照无锡寄畅园建造的相对独立的园中之园。乾隆在第一次下江南巡视时，对寄畅园的园林艺术赞不绝口，并命画师将园景摹画成图带回北京，于是在建造清漪园时选择了这块幽僻的角落仿建成惠山园，后改称"谐趣园"。

谐趣园与寄畅园一样，也以水池为布局中心，在水池的一边集中人工的石堆山景，另一边则以建筑为主，共同营造出一个相对封闭的园林小环境。园中心的水池与寄畅园水面面积差不多，水池一角是仿寄畅园"知鱼槛"而建的"知鱼桥"，它横跨水

万寿山南北两侧建筑群

上，造成小水湾，与寄畅园池中的七星桥手法及位置都相同。在谐趣园北岸，将后溪河水引到石造假山上，利用水位落差造成逐层叠落的玉琴峡流泉，取得了与寄畅园八音涧相同的音响效果和视觉形象。现在的涵远堂为后来加建的，如今在涵远堂东北面假山环绕的"寻诗径"还保持了原来石山幽径的意境。

谐趣园的亭、榭、廊等园林建筑形式多而不雷同。亭有方亭、圆亭、重檐亭、凌水驾空的长亭等，廊有空廊、随墙廊、折廊、弧形廊、水廊等，尽管采用的是北方宫苑式建筑形制，但却避免了皇家建筑那种凝重感，显得比较轻巧，在山水植物配置下组成了一个颇具江南园林气息的环境。这些建筑全部以廊相联，组成一条环池而行的游览路线，人行其中，左顾右盼，通过亭榭廊间，以梁柱为景框，可以观赏到景色各异的画面。四月初春，沿池的绿柳新芽轻抚水面，七月仲夏，满塘莲荷盛开，园内景色就更迷人了。

颐和园是中国历史上最后兴建的一座皇家园林，它既将天然山水与人工胜景共冶一炉，又兼具皇家园林的宏伟与江南园林的精致，在园林整体规划、构思、创意，以及景点的丰富多彩等方面都达到了很高的水平，显示了清朝园林建设的高度成就。

# 承德避暑山庄

避暑山庄，俗称"承德离宫"，原名"热河行宫"，位于承德市区北半部，占地面积564万平方米，是中国现存最大的皇家园林和著名的文物风景区。山庄始建于康熙四十二年（1704年），至乾隆五十五年（1790年）年完工，历时87年，建有楼、台、殿、阁、轩、斋、亭、榭、庙、塔、廊、桥120余处，园内由康熙帝亲自题名的著名景点就有36处，是清朝最大的一座离宫型皇家园林。乾隆十六年（1751年）又开始对山庄进行增建，完成了"乾隆三十六景"，并陆续在武烈河东岸建成八座寺庙拱列于山庄之外，构成一个融宫廷、寺庙、园林于一体的庞大古建筑群。

避暑山庄总体规划为宫廷区在前、园林区在后两部分，依照前宫后苑的传统格局。后苑部分又因地貌与景观的不同分为湖泊区、平原区和山丘区三部分景区。

## 宫廷区

宫廷区位于山庄的南端，包括三组并列的宫殿建筑群，正宫是宫殿区的主体建筑，包括九进院落，分为"前朝"、"后寝"两部分。主殿叫"澹泊敬诚"，其后的殿堂分别叫"四知书屋"、"烟波致爽"、"云山胜地"等，是皇帝处理朝政、读书和居住的地方。其中最著名的烟波致爽殿是正宫后寝部分的主

宫廷区澹泊敬诚殿

殿，也是清帝的寝宫。这里地势高峻宽敞，四周山岭环抱，每逢盛夏，十里平湖，微风送爽，因此被康熙命名为"烟波致爽"，列为避暑山庄康熙三十六景之首。

从宫廷区拥有的宫殿建筑群的数量和规模来看，避暑山庄无疑是所有皇家园林中最大的，但所有建筑与周围山水环境十分协调。这些宫殿建筑在形体上，虽开间多且广，但并不高大，各房之间还以回廊相连，使房屋保持低平而舒展的形态。在装修上，屋顶不用琉璃而全部用灰瓦，梁枋、门窗不施粉彩而保持原木本色或略施雅色，连最主要的澹泊敬诚殿也是如此，大殿梁柱、门窗全部用原色楠木制成，只在门窗上附有木雕装饰，精致而不奢华。在环境上很注意庭院的布置，各院落都散植松树，古松与叠石相配，古朴而具有园林气息。在松鹤斋与东宫最后的殿堂下都以自然山石为基座或者叠石成坡，使宫廷区与园林区衔接得十分自然。

康熙、乾隆时期，帝王每次出巡举行围场活动，都兴师动众，率领大批文臣武将，以后历任皇帝夏日来此地避暑也是嫔妃随行，山庄实际上成了清政府在都城以外的另一个政治中心。

## 湖泊区

避暑山庄有一个很显著的特点是以园林内的真山真水为布局基础。湖泊区位于山庄东南，占地43公顷。这里和圆明园一样，也是平地造园，以水景为主，人造大小岛屿八座、大小湖泊八片，它们相互穿插，有堤

水心榭景观

坝相连、河道桥梁相通，构成了由水、岛、堤、桥组成的湖泊水景区。在这个仅占总面积十分之一的景区内却集中安置了全园一半以上的建筑，它们都分别建在各座岛屿上，其中规模最大的有如意洲、月色江声、文园狮子林等。如意洲在正宫建成之前，是皇帝理政和居住之所；月色江声是帝后读书与休息的地方；文园狮子林位于山庄东南角，是假山围合成的园中园，仿著名的苏州私家园林狮子林而建，景观十分优美。

但湖泊区最重要的建筑景点还属金山亭与烟雨楼两组。金山亭位于湖泊区东部澄湖东岸的一个小岛上，因为这里的地貌及建筑群形态很像江苏镇江金山上的江天寺，因此取名为"金山亭"。金山亭如一峰突起，耸立于澄湖之滨，登阁可俯瞰湖泊区和西、北两面的平原及山岳景区，既成景又得景。烟雨楼因为地貌景观类似浙江嘉兴南湖中的同名景点而得名，位于湖泊区内最大岛屿如意州北面的小岛上，四面临水，视野开阔，岛上有一组

烟雨楼近景

院落式建筑，庭院中古松耸立，沿岸垂柳拂水，楼阁亭台高低错
落，近得水中倒影，远有山景相衬，从四面不同方向都构成了美
丽的画面。烟雨楼与金山亭隔湖相望，一东一北互为对景。

　　水、岛相间，堤、桥相联的湖泊区具有浓郁的江南水乡情
调，与圆明园、颐和园的前山前湖景区相比，虽然没有那么开
阔，但因为有山岳区、平原景区相互映衬，景观层次更为丰富；
虽没有万寿山、佛香阁那样的重点景观显示帝王气象，但岛、堤
相接，湖中莲荷如盖，沿岸柳绿花香，使景观更显细腻亲切。

## 平原区

　　山庄的平原景区成一片狭长形的平地，在湖泊区以北，面积
约与湖泊区相等。平原区的东半部为万树园，广植榆树数千株，

平原区向山岳区自然过渡

林中蓄养成群麋鹿。西半部是试马埭，草厚如毡，展现出塞外的粗犷风貌。

平原区供帝王举行宫外野宴活动，是重要政治活动的场所，也是山庄中一处富有特点的景区。1771年，乾隆皇帝在避暑山庄会见东归的土尔扈特首领渥巴锡，还亲自撰写了《土尔扈特全部归顺记》和《优恤土尔扈特部众记》两块石碑的碑文，这两块石碑至今仍矗立在承德城外的普陀宗乘庙中。

在平原区的东北角有一座佛寺永佑寺，独处于万树园一角，环境僻静，寺中舍利塔高九层，橙黄色挺拔的塔身在蓝天衬托下十分鲜明。平原区南端沿湖建有四座亭子罗列岸边，自西往东分别为水流云在、濠濮间想、莺啭乔木与莆田丛越。这四座亭子形式各异，为了配合环境，体量都比一般凉亭大，列置岸边，成为观赏湖泊区景观的好去处，同时也为南北两个景区起到过渡作用，使景观迥然相异的两个景区一脉相承，不显唐突。

## 山岳区

山岳区占据了山庄的整个西北部，面积约占山庄的五分之四。这里山势的特点是连绵而浑厚，没有奇峰峭壁与悬崖险壑，山上土质肥厚，树木郁郁葱葱。为了让山岳景区既可观赏，又可游览和居住，区内设有纵横山道并散置有二十余处寺庙、园林等建筑群。

在四条主要山峪之间开辟了四条山区干道，由干道分出无数小山道通往各山峰或建筑群。这四条干道还因种植不同树种而各具特色，例如在原始松树林中的山峪干道，两旁古松耸立，松叶如云遮日，故名为"松云峡"。

20余处寺庙与园林建筑疏落地分置于山岳各处，除四处在山顶以外，都隐蔽在山谷中，随地势变化配置殿堂楼阁、轩厅、亭廊，布局灵活，建筑体量不大，外观皆求朴素而不奢华，与山岳环境相协调，不失自然本色。

避暑山庄山岳区

四个山巅分别建有四处亭子，它们是"四面云山"、"锤峰落照"、"南山积雪"与"北枕双峰"。"四面云山"位于山岳区的西北山峰上，此处海拔高，亭中可以见到数百里外的山峦云蒸霞蔚。"锤峰落照"位于山岳区西南山顶，每当夕阳西下，从锤峰落照亭看过去，天空映红一片，东南方向的磬锤峰巨石呈金黄色倚天矗立，如美丽的剪影一般。"南山积雪"与"北枕双峰"所处位置正在湖泊区、平原区的北面，构成园中北望的主要对景景点。冬日雪后，从南山积雪亭俯瞰湖泊区，只见楼阁轩榭，银装素裹，冰湖相映美如仙境。

避暑山庄在一座山庄中同时包含四个景区，这里有院落和建筑群组成的宫廷区，有极富江南水乡情调的湖泊区，还有表现塞外草原风光的平原区，更有气势雄浑的北方山岳区，景观迥异，各具特色，又相映成趣。这种融南北风情于一园的情况是在其他园林不大见得到的。

避暑山庄园林区不仅包括山庄本身，还涵概它的四周环境，其中以外八庙最为有名。

## 外八庙

　　"外八庙"建于避暑山庄东部和北部丘陵起伏的地段上，实际上并不只八座庙，原有12座，因其中八座寺庙有朝廷派驻喇嘛，由理藩院发放银饷，且地处塞外，而得此统称。"外八庙"主要是藏传佛教寺庙，修建前后历时67年，可以说是"康乾盛世"的产物，其建筑精湛，风格各异，是汉、蒙、藏文化交融的典范。在这里可以依稀感受西藏布达拉宫的气势，一睹日喀则扎什伦布寺的雄奇，领略山西五台山殊像寺的风采，欣赏新疆伊犁固尔扎庙的姿容，还可看到世界最大的木制佛像——千手千眼观世音菩萨。从外形上看，避暑山庄内的建筑，无论是庄严肃穆的皇家宫殿，还是供游玩欣赏的亭、轩、榭、阁，一律采用青砖灰瓦，显示出一种古朴自然的风格；而在其周围建造的"外八庙"，则采用彩色的琉璃瓦，有的甚至用鎏金鱼鳞瓦覆顶，远远望去，巍峨壮观，金碧辉煌，一派富丽堂皇的景象，这与古朴典雅的避暑山庄形成了鲜明的对比。清朝建造这些寺庙，除了表示对蒙、藏等少数民族

从避暑山庄望普陀宗乘之庙

所信仰的藏传佛教的尊重以外，更重要的是密切他们与中央政权的关系，防止边衅发生，可以说，此中的政治作用超过了宗教意义。因此有人称，承德避暑山庄及其周围寺庙的规划布局是一个多民族的封建大帝国的缩影。

## 皇家园林与私家园林的异同

皇家园林与私家园林是中国古典园林的两大类型，二者之间既有相同之处，也有各自不同的特点。

皇家园林与私家园林都是人工营造出来的山水环境，在功能上都是游乐、休息的场所，但是因主人生活内容的差别和对园林要求的不同，在功能上也有差异。私家园林多附属于住宅，所以在园林中必然包括有主人居住、待客、读书、游乐等部分。而在皇家园林，除了这些部分以外，往往还有供帝王祭祖、拜佛的寺

北海静心斋横跨小溪的精致小木拱桥

无锡寄畅园的轻巧、古朴的水际亭台

庙部分；在离宫型园林中，因为帝王久住其中，所以又增加了供帝王上朝听政的宫廷部分。另外，同为游乐部分，皇家园林里的大戏楼、买卖街、观看放焰火的亭台、供耕种的田地、植桑养蚕等部分是私家园林不大有的。

在园林的规划布局与造景手段上，二者都采用模拟象征等手段，在有限的范围内经营出具有自然山水形态的园林环境。但是由于园林占地大小的差别和二者追求园林意境的不同，其景观效果也各不相同。私家园林大的几公顷，小的几十亩，有的甚至

恢弘飘逸的颐和园十七孔桥

只有几亩地，通常采取小中见大的手段，道路求曲折，景点求隐蔽，充分利用假山、空廊、小墙分隔出多变的空间，大至一轩一亭，小至一石一竹皆可成景，以便在微观中体验宏观的意境。但皇家园林则不同，除了宫城内部的御园，面积至少在几十公顷以上，西苑约110公顷，清漪园290公顷，圆明园350公顷，避暑山庄564公顷，在这样大的范围内营造环境需用大手笔，有的利用已有的真山真水，有的大规模挖湖堆土筑堤，创造出具有不同特征的大景区。在这里，皇家园林与多数私家园林表现出的那种自然、

雅致、淡泊的意境不同，景观多开阔而畅朗，建筑多宏伟，充分
体现出皇家园林的雍容大度。

在上面介绍的皇家园林里可以发现一个现象，就是有不少
景点模仿江南名胜或者某一处著名私家园林而建。作为皇家建
筑，它吸取或采用各地的建筑技艺并不足怪，因为皇家建筑必然
要集中全国最好的技术与人才来为它服务，博取众家之长。明永
乐皇帝为建造紫禁城曾征集十万工匠，其中就包括许多南方召来
的能工巧匠；清朝廷在紫禁城中专门设立造办处，负责宫殿内的
装修、制作家具与御用品，其中也有不少技艺精湛的各地工匠。
园林自然也是如此。康熙在北京西北郊建造清廷的第一座皇家园
林畅春园时，就有江南山水画家叶洮参加规划，江南叠山名家张
然主持园内的叠山工程。正是通过这些匠师，江南一带的建筑与
造园技艺传至北方，并与北方技艺相互融合。但是在皇家园林里
出现完整地模仿江南某一园林景点，就不是普通的工匠所能做到

南翔古猗园的"五老听琴"，五座湖石峰喻为五老，石桌是琴台。

的了，这须了解园主或园林规划者的刻意追求。在这方面，不能不看到清朝康熙与乾隆这两位酷爱园林艺术的皇帝的作用。尤其是乾隆，正是在这位皇帝主持圆明园、避暑山庄增建、扩建工程时，出现了大批模仿杭州和苏州名胜、名园的景点，也正是在他主持兴建的清漪园中，出现了模仿无锡寄畅园的谐趣园。皇家园林与皇家宫殿建筑一样，正因为它们有条件吸取融合全国各地的精湛技艺，征召多方面的能工巧匠，才能创造出高水平的作品，使自身的技术与艺术达到一个时代的高峰。

# 名手佳作

　　中国古典园林产生于秦汉，奠基于魏晋南北朝，发展于唐朝，成熟于宋朝，至明清而达到巅峰。在中国园林漫长的发展过程中，无数能工巧匠用自己的辛勤劳动造就了美不胜收的山水园林，张南垣便是其中突出的一位。他又名张涟，生于明万历十五年（1587年），江苏华亭人，他早年学画，后来在自己的造园实践中融入了山水画的意境，一石一树经过他的布置都颇具奇趣。他尤其擅长叠石，不机械摹拟大山的外形，而讲求自然山岳的神态，能于几亩之园中堆筑出曲洞远峰，勾起人遁隐山林的梦想。他的儿子张然继承父业，曾被康熙皇帝召往北京，参与了皇城西苑、玉泉山及畅春园的叠山工程。张家的子孙后代后定居北京，他们以叠山为业，技艺世代传承，成为享誉北方的叠山世家"山子张"。

　　文人参与造园，丰富了园林的外在美和文化内涵，并在此基础上贡献了一批有关造园的理论性著作，对中国园林艺术进行了精辟的总结与阐述。这些著作中比较重要的有李渔的《一家

这幅创作于6世纪的《游春图》是中国早期的山水画作品，表现了自然山林的深远意境。

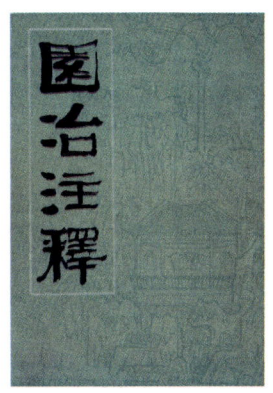

《园冶》封面

【陈从周】

陈从周（1918－2000），浙江杭州人，中国当代著名古建筑、园林艺术专家，他早年学习文史、国画和诗文创作修养深厚，后专门从事古建筑、园林艺术的教学和研究，对造园具独到见解，曾任同济大学教授、博士生导师。他认为："造园有法而无式，变化万千，新意层出，园因景胜，景因园异。"1978年，曾赴美国纽约为大都会博物馆设计园林"明轩"，1987年，设计并主持施工上海豫园东部园林的复园工程，其有关园林的著述《苏州园林》、《扬州园林》、《园林谈丛》、《说园》等堪称中国当代园林艺术研究的经典著作。

言》，文震亨的《长物志》和计成的《园冶》。李渔生于明万历三十九年(1611年)，浙江钱塘人，他曾遍游各地名胜园林，也参与园林的规划与设计，《一家言》中有一卷为建筑与造园理论。文震亨生于明万历十三年(1585年)，江苏长洲(今吴县)人，是明代著名画家文征明的后代，所著《长物志》有四卷内容与造园有关。

计成生于明万历十年(1582年)，江苏吴江人。他自幼倾心艺术，擅长书画，能有如此之高的造园艺术造诣其渊源也在此。他游历过天南地北的名川大山，是一位造园的实践家。明崇祯七年(1634年)，他时年52岁，写出了造园专著《园冶》。这本书全面阐述了中国园林从规划、设计、房屋建筑到门窗、墙垣、地面式样，以及选石、堆山诸多方面的理论与实践，是中国古代最重要的一部园林理论著作。全书共三卷，可以归纳为三方面的内容：

有关造园技术与园林知识方面的内容，在全书中所占分量最大。例如，在"装折"部分，用文字和图列举了62种木制格扇式样，在"栏杆"一卷中列举了100多种栏杆式样，"墙垣"部分介绍了各种墙垣的形式特点、所用材料及施工方法、各种墙适用的场合，并附录了部分式样的图像。这些图文并茂的资料既形象又具体，是作者长期搜集大量实际材料，经过系统整理概括而成的，在其他古代园林著作中还很少见到。

造园的经验总结是本书重要的一部分，差不多在各

清人所绘的南京瞻园图

卷及各部分的开首部分都有论述。在《园冶》开卷"相地"一篇
中，计成分析了山林、城市、村庄、郊野、傍宅等不同造园环境
的特点，提出了相应的造园原则。在"墙垣"部分，作者总结出
园林外墙和内墙的建筑材料的采用要雅致合时，依据所处位置的
不同而灵活处理。还有大量的篇幅写了"掇山"与"选石"，总
结出17种叠山的最佳形态，列举了从最名贵的太湖石、花岗石到
最常见的黄石等共16种石料，并对它们的形态特征和最佳用法作

了说明。

　　关于造园的理论性论述，也是本书的精华所在。计成对造园规划布局、造景的原则与手段作了精彩的理论性总结，提出了"有法而无定式"的重要原则，认为园林建筑要依据自身的特点，曲折中要有条理，端正整齐又可不拘泥于一定之规。他还论述说，造园要遵循自然的法则，不论在城市、乡村，园林建造的每个环节都要做到"虽由人作，宛自天开"，也就是说人造的风景园林能达到天工开辟的自然情境，才是中国造园最高的境界。

　　造园家对中国造园艺术千百年的实践经验作了系统化的理论总结和阐述，明确了尺度、风格、式样、色彩、材质、景物类别等诸要素之间的关系，使得在每一类景物的塑造、每一种空间关系的处理、每处景点的布局等几乎所有方面，都有法可循。这些造园理论被视为建造中国古典园林最合理、最有效的法则和手段。园林的建造者以能够熟练地掌握这些园林艺术规律为最高境界，每一处景观都可能仿效了最优美的曲线和最成熟的式样，景观要素的组织也

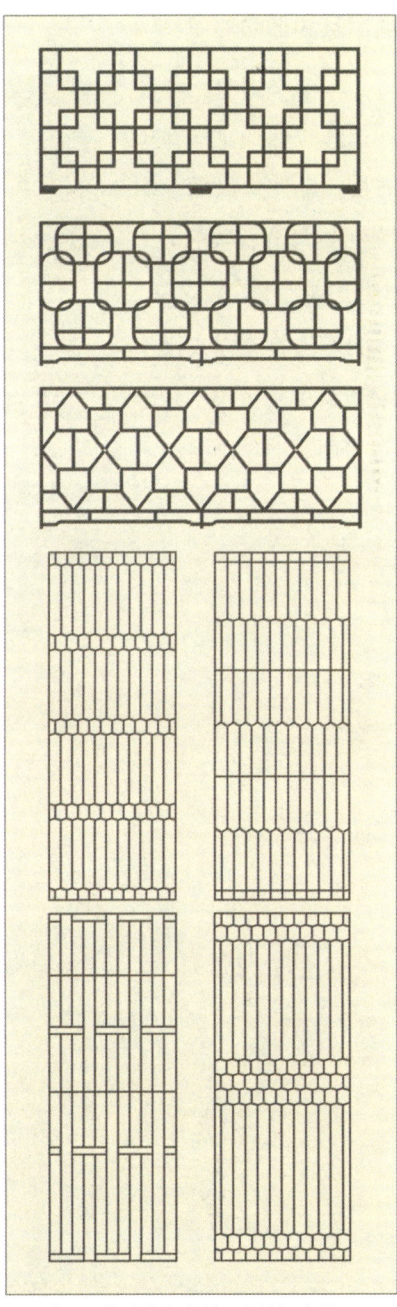

《园冶》记载的格扇式样图和栏杆式样图

按照最精巧的契合关系，以使整座园林呈现出最和谐的韵律。例如，为了增加空间层次和强化空间对比，一入园即以山石、花木障景几乎成了铁律，而通过曲折的路径增加空间转换和景观变化更是一种随处可见的手法。似乎任何造园活动，即便是最细小的环节都必须依程式而动，否则其作品就不可能是合理和优美的。

造园理论的总结和阐释固然标志着中国园林艺术成就之高，但当这些创造性的艺术规律慢慢成为后人不能不仿效的程式化手段，师法自然就变成了师法定势，有悖于园林真趣的庸俗与不和谐因素大量增多，就不可避免地出现了僵化或过分雕琢造作的劣作。

# 意境之美

# 意境的营造

意境是中国古代艺术创作中借助形象传达的意蕴和境界，尤其在诗词与绘画创作中，有无意境与意境的高低成了评价作品的重要标准。以古代绘画而论，艺术家在他的作品中，不仅要描绘客观世界有形的"物境"，而且要通过形象表达某种思想和情感，古代人称之为"情境"，也就是意境。在古典园林中，尤其是文人园林中，浅池碧水、莲荷翠竹、明月清风都是园林景观重要的构成部分。这种能让人感受到雅趣、简远、疏朗、清新风格的园林成了园林中的上品。园主造园时，往往将某种精神寄托于园林中的景物，使观赏者在游览时能够触景生情，产生共鸣。因此，要想充分地领略园林之美，一定要从整体意境着眼，了解其中孕育的哲理和人生态度。

# 象征与比拟

孔子在《论语》中说："知者乐水，仁者乐山"，这句话在后世广为流传，意思是说智慧像水一样包容万有、无穷无尽，仁爱美德像大山一样坚固而万物滋生，是用比拟和象征的手法，将不同形态的物体拟想为智慧与美德的化身，而这两种生命质素又代表了两种不同的人生志趣。

园林窗外壁下之景

从这个意义上说，在园林中堆山开池不仅出于对自然环境的喜

**【师法自然】**

"师法自然"在造园艺术上包含两层内容。一是总体布局、组合要合乎自然。山与水的关系，以及假山中峰、涧、坡、洞各景的组合要符合自然界山水生成的客观规律。二是每个山水景色要素的组合要合乎自然规律——如分假山峰峦是由许多小的石料拼叠合成的，叠砌时仿天然岩石的纹脉，尽量减少人工拼叠的痕迹；水池呈自然曲折或高下起伏；花木的布置疏密相间，形态天然等等。

好，而且代表了对美德和智慧的向往与追求。秦始皇在咸阳引渭水作长池，在池中堆筑蓬莱神山以求神仙赐福，这种比附仙岛神山的做法被后世争相效法，不仅汉朝长安城建章宫的太液池内筑有三岛，唐长安城大明宫的太液池内也筑有蓬莱山，元大都皇城内的太液池中也有三岛，清朝的圆明园中最大的水面福海堆有蓬岛瑶山、颐和园的昆明湖中亦堆有三座岛屿，可见后继者对山水象征意义的虔敬之心一直不曾淡漠。

古人还把对儒家思想观念的重视投射到自然界的植物中。苍松强劲刚健、修竹挺拔有节、腊梅凌寒而放，它们的姿态、习性让人联想到高尚、纯洁、坚韧等精神气质。因此，中国文人将松、竹、梅称作"岁寒三友"，用以比喻高尚的人格，松、竹、梅也就成了中国诗词、绘画乃至园林中常见的载体。艺术家吟咏和描绘这些具体物象以自比，或表达对高尚品格的推崇。避暑山庄的山岳区内最重要的一处山道就是满植松树的"松云峡"。文人喜欢竹子挺拔有节的姿态，所以江南一带的私家园林几乎都种了竹。白居易是位爱竹的诗人，不仅创作了大量关于竹子的诗歌，还在自家宅园亲手种下了成片的竹子。宋代的大文豪苏轼爱竹是出了名的，他曾留下了千古名句："可使食无肉，不可居无竹，无肉令人瘦，无竹令人俗。人瘦尚可肥，俗士不可医。"道出了高雅与庸俗高下自分、不可调和的境界。

莲藕虽然脆弱，却能在淤泥中节节生长；荷花出自污泥，长出水面却成为纯美芙蓉。莲荷的这种生态

特征无疑也蕴涵深刻的人生哲理，用来比拟在污浊的社会环境中人们应该具备的高尚品德与情操。所以莲荷与松、竹、梅一样常常出现在绘画与园林中，不仅以它们的物质形象装点了画面与环境，而且还以它们所具有的人文内涵陶冶人们的情操。圆明园有一处"濂溪乐处"景点，水池中遍植荷花，乾隆皇帝特题名曰："前后左右皆君子"。苏州拙政园更是充分发挥了莲荷在物质形象与人文符号方面的双重作用，主要厅堂前的水池中种满莲荷，因莲荷有"香远益清"的特点而将厅堂名为"远香堂"，园西部的莲荷池畔还建有一亭，取名"留听阁"，源自李商隐"留得残荷听雨声"的诗句，夏去秋来时可静坐亭中细听雨打残荷。

## 追求诗情画意

园林的意境和风貌主要取决于园主的文化素养，这也是许多名园出自文人画家之手的原因，而著名的造园家几乎都工于绘画。构园与吟诗作画有着相近的美学标准和精神诉求。园林的建造常常出于文思，园林的妙趣更赖以文传，园林与诗文、书画彼此呼应、互相渗透、相辅相成。

园林不仅供人居住游赏，更寄托了园主的情趣爱好和人生追求。私家园林最能体现中国园林艺术的审美核心，又往往是文人雅士用以修心养性的处所，风格上讲求淡泊宁静的闲适意味。园林之所以被视为一种高雅的艺术形式，也与其表现了园主良好的艺术修养和卓尔不群的个性有关，于是对诗情画意的追求也就成了造园者最习以为常的出发点和归宿。

而对诗词歌赋的运用只需看一看园林中的题咏就知道了——以典雅字句形容景色，点化意境，是园林最好的"说明书"。好的题

画家笔下的兰亭"流觞曲水"

咏，如景点的题名、挂在建筑上的楹联，不但能点缀堂榭、装饰门墙、丰富景观，还往往表达了造园者或园主人的思想感情。

网师园始建于南宋，原名"渔隐"，表现出园主与世无争的生活理想，清朝改称"网师园"，网师即渔翁，仍含原意。在苏州拙政园西半部有一座临水小亭，每当夜深人静，清风徐来，明月当空，水天相映，一派清净幽深，据苏轼词《点绛唇·杭州》中"与谁同坐，明月清风我"句，取名为"与谁同坐轩"，精确地点出了此景的意境，也暗示着园主孤高的品格。济南大明湖有一副对联："四面荷花三面柳，一城山色半城湖"，高度概括了大明湖和济南城的景色。

《庄子·秋水》记载，有一次庄子和惠施游于濠梁之上，庄子说：水里的鱼游来游去，多么快乐呀。惠施说：你不是鱼，怎么知道鱼的快乐呢？庄子回答道：你不是我，怎么知道我不知道鱼的快乐呢？这段对话充满了智慧和情趣，流传极广，后世不少

园林作品都引用了这个典故。如寄畅园有"知鱼槛"、颐和园的谐趣园中有"知鱼桥"、香山静宜园中有"知鱼濠"、圆明园中有"知鱼亭"、北海公园中有"濠濮涧",所追求的都是乐而忘忧、自得放达的境界。

在安宁楠园春花秋月馆自然的大理石画屏及作为风景标题的匾额

中国古典名著《红楼梦》中描写贾家兴建大观园,建成后宁荣二府的小姐公子各施文采为各园冠名、赋诗,大玩文字游戏,而作者曹雪芹还在书中借人物之口发表议论:"偌大景致,若干亭榭,无字标题,任是花柳山水,也断不能生色。"可见好的楹联题咏不仅能够增加诗情画意,起到画龙点睛的作用,而且还能点明意境,博会心者一笑,因而成了中国传统园林的一个特色。

设计者和建造者因地制宜,别出心裁地营造了许多园林,虽然各个不同,却在不同中有着一个共同点:游览者无论站在园林中的哪个点上,眼前总是一幅完美的图画。中国园林如此讲究近景远景的层次、亭台轩榭的布局、假山池沼的配合、花草树木的映衬,也正是为了营造诗情画意的境界。而要充分领略园林"入画"、"入诗"的意味,就不仅要熟悉中国园林的常见手法和布局,还要用心体会风景背后精致、唯美的文化品位。

自元朝以后,中国园林与绘画的关系几乎是不可分的,造园技法与绘画技法相通,并集中运用于理水和叠山两方面。比如，中国园林的水池以合乎自然为美，池岸多为自然曲折形状，岸边砌以不规整的块石，有的还种植芦荻，讲求自然情趣。数亩以上的水面，一般都有一片集中的水域，以表现镜湖烟波气象。水面不大则以乱石为岸，并配植细竹野藤、朱鱼翠藻，虽是一泓池水，却能给人汪洋无尽的印象。而叠山也并不在规模上强求相似，而是遵循概括、提炼的原则，借助造石的技法表现峰峦、绝壁、山涧等山峦形态，力求表现自然山峦的种种神态和意蕴。有一种做法是以土为冈，着重表现自然山峦中的局部景色，游人虽看不到完整的山峦，但能在想象中体会到群峰蔽日、层峦叠嶂的宏伟景象。这种叠山余韵悠悠，极大地拓宽了山石的表现力。

　　造园者还经常运用分隔的手法加深景观层次。例如，水池上经常架有曲折的石板小桥，或者涉水点缀步石，这样就可以增加

园林建筑之楹联

景深和空间层次，使水面有幽深感。而最常见的花墙和长廊，更是隔而不隔、界而未界，起到了增加景致深度的效果。

如果是在苏州园林中游赏，细心的游客一定会发现，即便是一个角落，也都能感受到图画美——开窗如果正对着白色的墙壁，就必有几竿竹子、几枝芭蕉点缀其间或叠以山石，以避免单调和直白——中国园林十分注意让粉墙的白色与整座园林丰富的色彩、光影、景观造型取得和谐纯净的效果，这也可以说是绘画技法在造园细节上的运用。简言之，画中寓诗情，园林参画意，诗情画意就成了构园的重要原则。

## 汇集各地名胜古迹

无论是皇家园林还是私家园林，造园时引用名胜古迹是一个通用的做法，甚至同一个景点出现在不同的园林中，后人亦可从中挖掘出相同的文化历史意味。

中国的"五岳"是古时山岳的代表，山中都建有山岳庙，用以供奉和祭祀山神，亦是人类早期自然崇拜的遗存。苏州私家园林中常于庭前厅后立石峰五座以象征五岳，这种对山石的欣赏到清朝后期更为盛行，乃至将寸尺小石置于盆中，摆放在几案之上，使五岳胜景进入厅堂。

杭州西湖著名的十景远近闻名，圆明园内的三潭印月、平湖秋月、南屏晚钟等景点就是仿此建成。江苏镇江古刹江天寺有一座佛塔竖立于江边的金山之巅，是镇江城的标志，与其有关的白娘子为救夫君大战法海和尚的神话故事在中国家喻户晓，这座古

明代画家所绘《竹溪六逸图》，向往唐代诗人李白(701—762)等六位文人同隐竹溪，酣歌狂饮的生活。

上海豫园贴水飞去的曲桥

刹也因此染上了浓郁的人文色彩。于是在承德避暑山庄内就出现了一处仿金山的景点。

　　江南一带，每逢农历三月初三人们都要去城郊游乐。著名书法家王羲之(303—361)等四十余人就曾到浙江绍兴城外兰亭，他们散坐在流水渠边，将酒杯置于水上让它随波逐流，当酒杯停留在某人身前，则此人必须饮完杯中酒并即兴赋诗一首，如此反复，直至酒尽。当日众人所赋诗作结集成册，王羲之为之挥笔作序，后人将诗集刻写于石碑，立于兰亭。于是，不仅绍兴兰亭成了名胜，而且在曲水上饮酒赋诗也成了人所追随的风雅之举。取其象征意义，北京紫禁城的宁寿宫花园和承德避暑山庄就都建有"曲水流觞"亭，不过，昔日兰亭的天然流水在这里成了亭中地面上石刻的曲水渠。随着这些名山胜景进入园林，不但形成了园内的景点，而且它们所附带的文化历史内涵也被引入园林，给园林增添了意境。

# 建寺庙古刹与街市酒肆

中国园林，特别是皇家园林中经常建有寺庙，这一方面是出于封建帝王对佛教的崇信，另一方面也是因为寺庙建筑独特的景观效果——有时寺庙可以构成一座园林的主要景观和风景构图中心，清寂宁静的氛围有着超越凡尘的意境。

北海公园中的永安寺及其喇嘛塔建立在琼华岛上，颐和园的佛香阁及智慧海佛殿分别建在万寿山南面的山腰与山脊上，这些佛教景观以其突出的形象和所占据的特殊地势而成为这两座皇家园林的标志和全园的风景构图中心。而颐和园万寿山后山中央的须弥灵境东面另有一座花承阁小佛寺，它占地不大，寺中有一座小型八角琉璃宝塔，每层塔檐下都挂着风铃，铃随风响，令人有超脱尘世之感。

与上述营造目的完全不同，颐和园后溪河上的买卖街是为与世隔绝的皇室成员模拟出世俗生活的真实场景——鳞次栉比的店铺和随风摆动的各式店铺招幌，尽管都是布景式的，却表现了园主

南京灵谷寺园林的黄墙竹影

天台山古刹庭院之古梅发出的新枝

人对繁华闹市的向往。置身其中，似乎可以想象着苏州水街酒肆茶楼的喧嚣和金陵秦淮河上的歌舞升平，令人游兴大发。

园林的意境正是通过上述这些手段才有了丰富的内涵——中国园林不仅是融合了诗文、绘画、书法、雕刻、盆景、音乐、戏曲于一体的高度完善的古典艺术形态，而且参与构建了中国传统文化的环境与氛围。其优雅、细腻、抒情、婉约的艺术风格不仅表达了一种生活格调，还浓缩了极具东方哲学意味的中国传统艺术精神——了解了这些内涵，才能够真正领略中国古代园林之美。

# 欣赏的角度

## 动观静观

中国园林有静观和动观两种观赏方式，欣赏小园应以静观为主；大园因为有较长的游览路线，多以动观为主。

所谓静观，就是游人驻足欣赏园林的静态美。适合静观的位置多在厅堂、轩榭、楼阁、亭台等处，这些地点往往视野开阔，眼前有着园中最精彩的景致，游园时，宜坐、宜留，可以细数池中游鱼，也可以在亭中迎风待月，花影移墙，峰峦当窗，画入眼

【框景】
　中国园林中建筑的门、窗、洞，或乔木树枝抱合成一个供观赏景色的"外框"，把远处的山水美景或人文景观包含其中，这种造景手段被称为"框景"。

文人园林窗洞框景犹如一幅风景画。

帘，值得留连玩赏。举例来说，苏州的网师园小，宜静观，游人绕池一周，或坐或留，有的在槛前细数游鱼，有的在亭中待月迎风，而轩外花影移墙，峰峦当窗，身临画中，静中生趣。

动观是指依循园林中的游览路线欣赏园中景致。那些游园路线通常是自然曲折、高下起伏的，或临水景，或依山麓，有的还设置了曲折的长廊，让游人免受日晒雨淋之苦。曲折的游廊、起伏的磴道、蜿蜒的石径，都是动观的好地方，让你"步移景异"观赏园林的动态美。中国园林往往主次分明，景色多变，因此造园者往往设计出一条最佳的游览路线，在行进中把各种最佳的动态观赏点和供人休息、宴客、活动、居住的建筑物有机地串联在一起，即使是相对静止状态的景物也因观赏角度不同而面貌多变。园林美景如画卷般徐徐展开，使游人体验到一种节奏和韵律之美。举例来说，游览苏州的拙政园时，径缘池转，廊引人随，妙在移步换景，这是动观。

自寄畅园遥望锡山借景。

# 俯仰天地

远眺玉泉山

园林的空间讲究多个方位的变化韵律，叠山理水，以及建筑、花木的设置，都是力求营造山高水低、高低错落的变化，使得俯视和仰视都能得到美的享受。在园中漫步，随着地形起伏或建筑的高低错落，既可仰观天地之悠悠，又可俯视众景之渺渺，视角多变，美景无限，妙趣横生。

在北京颐和园内，万寿山前山的佛香阁扼全园制高点，巍然雄踞山腰，仰观时气势恢宏；而登临阁上，俯视开阔的湖面，波光潋滟尽收眼底。扬州的寄啸山庄也是充分利用了俯仰观景的妙趣，用上下两层的廊子和假山磴道贯通全园，形成了观赏的立体路线，水光山色与楼阁廊道相映成趣。

个园夏山石色灰白，形状玲珑剔透，充满凉意。

云南曹溪寺园红墙古柏相映成趣。

## 充分调动感官的享受

游览中国古典园林，你不仅能看到美丽的景色，还能听到水声潺潺、莺语婉啭、虫鸣唧唧，春天有扑鼻的桃李芬芳，夏日荷花清香袭人，秋季桂花浓郁醉人，冬天腊梅暗香浮动，在嗅觉上都是很好的享受。而和煦的微风轻拂弱柳，偶尔掠过你的面颊也是极温柔细腻的感受。

著名的"雨打芭蕉"就是一种修辞典故——在阴雨绵绵的日子里，聆听宽大的芭蕉叶在雨滴的敲击下发出的清脆声响，独自品尝孤清旷远的滋味，亦不失为一种情趣。苏州拙政园的听雨轩就与此有关。而在亭畔种植几棵松树，风入松林间，发出沙沙的松涛声，也会让人感到无比的开阔和宁静，拙政园的松风亭即取意于此。于是，听风植老松、听雨栽蕉荷，成了中国园林设计的重要特色。

北京香山原皇家静宜园眼镜湖之山水的冬景。

## 四时美景各不同

在欣赏园林景观时，要留意景观是会随着天光、时节、天气而变化的，苏州留园中的"佳晴喜雨快雪"亭，就是通过天气变化，即景生情，突出了一种乐观的人生态度。一日之中会有"朝餐晨曦，夕枕烟霞"的不同景致，苏州网师园的月到风来亭，满池清水倒映着园中景色，随着一天时间的变化而变换着情境。待到皓月当空，月光、灯火、池水交相辉映，诗情画意无法言传。不同季节景物也有着不同的美感，正如宋代郭熙在《林泉高致》中描述的："春山淡冶而如笑，夏山苍翠而如滴，秋山明净而如妆，冬山惨淡而如睡"，季节变化之美在园林艺术中被有意识地突出、强化。扬州个园中假山的分峰用石，各拟四季山景，号称"四季假山"，杭州西湖十景中，前四景"苏堤春晓"、"曲院风荷"、"平湖秋月"、"断桥残雪"，恰好包含了四季美景。

# 名园遭劫与复兴

在中国古代历史上，几乎每一个朝代建国时都会大兴土木，建造宫苑园林，而这些园林往往在朝代覆亡时被政权的颠覆者付之一炬，园林的兴衰往往与一个朝代兴废起落的命运紧密相联。而反观人类历史进程，从古巴比伦的空中花园到圆明园等无数辉煌的琼楼玉宇，都被人类的贪婪和无知毁于一旦，造成了文明史上的一幕幕惨剧。

1860年，英法联军入侵北京，面对富丽堂皇的宫殿园林，入侵者成了疯狂的劫掠者。英法联军司令部下达了可以"自由抢劫"的通知，1万多名英法官兵争相入园，大肆掠夺圆明园的宝物，他们将凡能搬动的珍宝文物尽数抢走后，出动3500人在圆明园的各处宫殿架火焚毁了这座"万园之园"。这场大火燃烧了两天两夜，产生的浓烟笼罩了北京城，看起来像一个久久不散的日蚀。数日后，侵略军又放火焚烧了清漪园、香山静宜园和玉泉山静明园以及邻近的赐园、私家园林。昔日清澈的昆明湖淤塞了，岸边烧不掉的铜牛四周长满了野荆，那一组组辉煌的宫殿与寺庙

被毁的石舫永远停泊在岸边

从西堤向东望，万寿山、昆明湖构成了一幅和谐宁静的风景画。

建筑群被烧得只剩下石头台座，后山山林间的轩堂亭榭和后溪河买卖街上鳞次栉比的店铺劫后只留下柱础台基与地上的堆石。一座座反映了中国园林艺术最高成就的宏伟的皇家园林，一片建设经营了数百年的举世无双的庞大的园林区，就这样在短短的十多天里被破坏和焚毁成了一片废墟。

劫后，清朝政府曾下令重修圆明园，终因国库空虚、朝廷内意见分歧而未成功。光绪十四年(1888年)清漪园得到部分修复，并作为太后"颐养天年"的离宫而改名为"颐和园"。1900年，八国联军攻占北京，已经是断墙残壁的圆明园再次遭到劫掠，颐和园先后被英、俄、意等国侵略军进驻达一年之久，园内珍贵文物被抢，建筑被破坏。1902年，西太后为了在颐和园举行七十寿诞，不惜动用军费开始修缮颐和园。如此烧了修，修了再烧，加上清朝的国势已江河日下，软弱的政府已无力保全这些珍贵的园林了。

在诸园中，圆明园所遭受的破坏是最为严重而彻底的。前后两次遭到侵略者的焚烧与掠夺，加之远近贪官、兵痞、流民长期拆毁与盗卖，特别是进入民国时期（1911—1949），遗址无人看护，一二十年间前来盗运的马车几乎每天络绎不绝，残园简直成了"石料场"。满园建筑连断墙、残柱、砖瓦都所剩有限，稍微

完整的石头华表柱与石狮子都被搬
走了。后来，园内又迁入了众多的
单位与农户，一幢幢新建筑出现在
园址里，许多堤岸被挖掘，树木被
砍伐，湖泊改稻田，致使一些景点
连残破的环境地貌都丧失不见了。
而为文明所不齿的是，侵略者劫掠
的圆明园文物百年来长期在国际文
物市场上展览、拍卖。

　　圆明园的美正如当年英国随
军牧师所言："必须有一位身兼诗
人、画家、美术鉴赏家、中国学者
和其他别种天才的人物，才能写尽
园景，形容尽致，给你些微的概
念……"今天的人们所能见到的圆

修复后的静宜园景点

明园遗址，只剩下依稀可辨的石基、曲折的水道和小径，大水法
和远瀛观的几根石柱还矗立在那里，一片残垣断瓦，满目疮痍。

　　人类文明发展的基础是相互的了解、宽容和尊重，名园遭劫
是文明的灾难，也是人类的耻辱，保护园林、保护文物古迹是人
类的共同责任。

　　1949年，中华人民共和国成立，中国进入了一个崭新的历史
时期，各地古典园林的保存和修复受到了应有的重视，也得到了
维护和建设。

　　中国最大的皇家园林承德避暑山庄地盘大，缺乏统一管理，
园内曾进驻过一些与山庄无关的机关团体，山岳区内还兴建了少

香山昭庙玻璃塔

量别墅住宅，平原、湖泊区内也新建了一些商铺、饭店、招待所等服务设施。针对这种混乱状况，当地政府在国家文物部门的支持下进行了清理、整顿。经过治理，山庄的水清了，树绿了，建筑仍保持着古朴的风貌，平原恢复了绿草如茵，山岳仍旧是那么郁郁葱葱，一座昔日的避暑山庄又展现在人们面前。不仅如此，承德市还下大力气整修了环绕于山庄的八大寺庙，破坏的部分都严格按照传统技艺予以重修。1994年，承德避暑山庄及其周围寺庙作为一个完整的建筑群被联合国列入了"世界文化遗产"的名录。

颐和园在西北郊皇家园林中算是保存得最完整的一座了。五十多年来，昆明湖几经挖凿疏浚，长河也因水源丰盛而成了一条新的水上游览路线。园内建筑也多次得到维修，仍保持着皇家建筑的辉煌。颐和园经过这些年精心的维护，于1998年被联合国教科文组织批准列入"世界文化遗产"名录。

香山静宜园一个世纪以来，原有的园林景点与建筑大部分均已遭到破坏。经过整顿，恢复了原有景点，重建了少量景点建筑，对于一些规模较大的景点使之保持现状。对山区绿化除保持原貌外，又重点突出了山上的黄栌与古松，一到了秋天，香山就成了红叶漫山的山景园林，仍保持了原来静宜园的环境与意境。

20世纪50年代，北京

香山静宜园中的近代建筑

20世纪70年代修建的江南园林嘉定秋霞圃

市政府决定在圆明园广植树木，试图用大片的绿化保持住这一园区原有的地貌环境，但由于没有进一步的措施，并未能阻止破坏活动的继续。20世纪80年代，在圆明园的东半部分稍加整理，成立了圆明园遗址公园向公众正式开放。在此后的十多年内，园内部分农户、住户逐步迁出，放弃了在园内开垦的农田，恢复景点，重点整修了福海景区与绮春园内的一些景点，复建了少量亭榭建筑。长春园的西洋楼区经过挖掘，得到不少当年被破坏的宫室构件，经过清理使昔日的西洋楼进一步显现原貌。最近，北京市政府综合多方面意见，根据实际情况作了圆明园规划方案。其内容主要是将园内的水面、河道、堤岸、山阜及道路全面整理，在这个基础上选择若干重点景点予以重建，力求部分地展现昔日的皇家园林风貌。有了这份规划，圆明园的保护与建设想必会得到较快的开展，但愿在不断的实践与探讨中，一代名园能得到正确的保护，从而获得新生。

# 附录：中国历史年代简表

| 旧石器时代 | 约170万年前—1万年前 |
|---|---|
| 新石器时代 | 约1万年前—4000年前 |
| 夏 | 公元前2070年—公元前1600年 |
| 商 | 公元前1600年—公元前1046年 |
| 西周 | 公元前1046年—公元前771年 |
| 春秋 | 公元前770年—公元前476年 |
| 战国 | 公元前475年—公元前221年 |
| 秦 | 公元前221年—公元前206年 |
| 西汉 | 公元前206年—公元25年 |
| 东汉 | 公元25年—公元220年 |
| 三国 | 公元220年—公元280年 |
| 西晋 | 公元265年—公元317年 |
| 东晋 | 公元317年—公元420年 |
| 南北朝 | 公元420年—公元589年 |
| 隋 | 公元581年—公元618年 |
| 唐 | 公元618年—公元907年 |
| 五代 | 公元907年—公元960年 |
| 北宋 | 公元960年—公元1127年 |
| 南宋 | 公元1127年—公元1279年 |
| 元 | 公元1206年—公元1368年 |
| 明 | 公元1368年—公元1644年 |
| 清 | 公元1616年—公元1911年 |
| 中华民国 | 公元1912年—公元1949年 |
| 中华人民共和国 | 公元1949年成立 |